"十四五"普通高等教育规划教材

工程教育创新系列教材

新工科创新创业项目
管理与实践

主　编　牛萍娟

副主编　张建勇　张　步

编　写　刘大利　王　巍　韩抒真　高志刚

　　　　高圣伟　田海涛　付贤松

主　审　刘国田

中国电力出版社
CHINA ELECTRIC POWER PRESS

内 容 提 要

本书为"十四五"普通高等教育规划教材，工程教育创新系列教材。

本书将"新工科"的"五个新"与现代工科前沿课题及代表性研究方法相结合，并基于真实企业环境，借助集成产品开发模式思路，介绍了项目管理知识、产品开发和实践的方法，列举了企业实际的管理案例，以培养学生自主学习与主动实践的能力、实际动手操作能力、团队协调合作能力、获取和收集处理信息的能力、准确运用语言文字及报告的表达能力，从而激发学生的创新思维。

本书不仅可作为本科院校、高职院校学生的创新创业课程教材，同时可作为企业人员开展各类创新创业项目实践的参考书。

为方便教师教学和学生学习，本书配套丰富的数字资源，可扫描封面二维码免费获取。

图书在版编目（CIP）数据

新工科创新创业项目管理与实践 / 牛萍娟主编 . —北京：中国电力出版社，2021.1
"十四五"普通高等教育规划教材　工程教育创新系列教材
ISBN 978-7-5198-5068-5

Ⅰ．①新…　Ⅱ．①牛…　Ⅲ．①创业—项目管理—高等学校—教材　Ⅳ．① F241.4

中国版本图书馆 CIP 数据核字（2020）第 200822 号

出版发行：中国电力出版社
地　　址：北京市东城区北京站西街 19 号（邮政编码 100005）
网　　址：http://www.cepp.sgcc.com.cn
责任编辑：乔　莉（010–63412535）
责任校对：黄　蓓　李　楠
装帧设计：王红柳
责任印制：吴　迪

印　　刷：三河市航远印刷有限公司
版　　次：2021 年 1 月第一版
印　　次：2021 年 1 月北京第一次印刷
开　　本：787 毫米 ×1092 毫米　16 开本
印　　张：10
字　　数：155 千字
定　　价：36.00 元

前　言

创新创业是评价判断一个国家科技所处阶段的重要标志，为适应我国创新创业和高校新工科人才培养改革的需要，新工科教育与产业需求应紧密结合、协同育人，以完善新工科创新创业人才培养体系。早在 1934 年，对创新和创业教育颇有研究的美国经济学家约瑟夫·熊皮特就在其著作《经济发展理论》中提出"五种创新理论"和"创业精神"的论述。创新精神与创新能力培育的关键是培养青年的创造性思维。而事实上，如何培养青年的创造性思维，是迄今为止国际上心理学界和教育学界一直未能完全解决的重大难题。创新者或者创业者都需要具备严密的逻辑思维、全方位思考问题的态度，掌握探究和推理论证的理论和方法以及运用这些方法和技巧的习惯。

本书配合课程建设，采用"导学课导学，讨论课促学，线上课自学，分组实践学，全过程评学"的模式，用跨学科探究和解决问题的方式，着重于从跨学科领域抽出的理论、背景知识和方法介绍。

在本书的编写过程中，得到了天津城建大学原副校长刘国田教授的悉心指导，他提供了国外大学的课程参考资料；天津市大学软件学院副院长张建勇教授在新工科和创新创业教育方面提供了大力支持；天津工业大学研究生张步同学创新性地推动了网络课程方案，对全书结构和内容进行了细致的反复修改，他已经成为天津工业大学研究生赴贵州省铜仁市石阡县支教扶贫的青年典范；天津工业大学海宇半导体照明有限公司高工高志刚、罗静提供了企业管理和产品研发管理的实践内容；天津工业大学电气工程与自动化学院张牧教授在集成产品开发模式方面提供了有益帮助。各位专家阅读了本书的最初稿件并提出了宝贵的意见，从而使本书的内容对学生的学习及创新创业类课程开展更有意义，在此表示衷心感谢。

编写本书的起因来自天津工业大学与澳大利亚伍伦贡大学电气电子学院合作开设

"工程设计与管理"课程，感谢伍伦贡大学电气电子学院的课程启发；感谢为本书的撰写付出心血的天津工业大学本课程一线教师刘大利、付贤松、高圣伟、宋丽梅、王巍、陈云军、田海涛、张献、金亮、李阳、郭庆华及本课程助教团队的张步、赵军、韩抒真、梁立君、郭宇。另外，研究生毛润、李玉豪、刘雷、李舒舒、石浩、王迪、潘捷、孙玉楷广泛搜集资料，积极求证，推进了本书编写进程。

　　本书部分内容参考了国内外有关单位和个人的研究成果，均已在参考文献中列出，在此也一并表示感谢。

　　本书总体章节和内容设计由牛萍娟负责，各章节内容组合、组织讨论、定稿由张步负责。绪论部分由牛萍娟、张建勇共同编写，实训报告、考核办法、会议模板等内容由刘大利编写，第一章由王巍编写，第二、三章由韩抒真、张步共同编写，第四章由高志刚编写，第五章由田海涛编写，第六章由高圣伟编写，第七章由付贤松编写。

　　本书在内容编写上具有一定的难度，加之编者水平有限，虽然几经修改，但书中难免会存在一些疏漏与不足之处，敬请读者批评指正。

编者

2020 年 9 月

本书相关名词中英文对照表

英文缩写	英文全称	中文名称
ANPP	Apple New Product Process	苹果新产品开发流程
APM	Assistant Project Manager	助理项目经理
BASF	Badische Anilin-and-Soda-Fabrik	巴登苯胺苏打厂
BP	Business Plan	商业计划书
CBO	Chief Brand Officer	首席品牌官
CCO	Chief Cultural Officer	首席文化官
CDO	Chief Development Officer	开发总监
CEO	Chief Executive Officer	首席执行官
CFO	Chief Finance Officer	首席财务官
CHO	Chief Human resource Officer	人事总监
CIO	Chief Information Officer	首席信息官
CKO	Chief Knowledge Officer	首席知识官
CMO	Chief Marketing Officer	首席市场官
CNKI	China National Knowledge Infrastructure	中国国家知识基础设施
CNO	Chief Negotiation Officer	首席谈判官
COO	Chief Operation Officer	首席营运官
CPO	Chief Public relation Officer	公关总监
CQO	Chief Quality Officer	质量总监
CRM	Customer Relationship Management	客户关系管理
CSO	Chief Sales Officer	销售总监
CTO	Chief Technology Officer	首席技术官
CVO	Chief Valuation Officer	评估总监
DPM	Design Project Manager	新产品设计项目经理

英文缩写	英文全称	中文名称
ERP	Enterprise Resource Planning	企业资源计划
ERP-BOM	Enterprise Resourse Planning Bill of Material	企业资源计划物料清单
FPS	Ford Production System	福特生产系统
HR	Human Resource	人力资源
HRM	Human Resource Manager	人力资源经理
IBM	International Business Machines Corporation	国际商业机器公司
IPC	International Patent Classification	国际专利分类
IPD	Integrated Product Development	集成产品开发
IPMT	Integrated Portfolio Management Team	集成组合管理团队
IPO	Initial Public Offerings	首次公开募股
ITMT	Integrated Technology Management Team	集成技术管理团队
JDK	Java Development Kit	Java 开发工具包
KD	Knock Down	国外原装进口
LED	Light-Emitting Diode	发光二极管
LPDT	Lead Product Development Team	产品开发项目领导
M&A	Mergers and Acquisitions	企业并购
MBA	Master of Business Administration	工商管理硕士
M-JPEG	Motion Joint Photographic Experts Group	运动静止图像压缩技术
MOOC	Massive Open Online Courses	大型开放式网络课程
NKI	National Knowledge Infrastructure	国家知识基础设施
OEE	Overall Equipment Effectiveness	设备综合效率
PDM	Product Data Management	产品数据管理
PDT	Product Development Team	产品开发团队
PM	Project Manager	项目经理
PMT	Portfolio Management Team	组合管理团队
PQA	Process Quality Assurance	全程质量检测认证
QOS	Quality of Service	服务质量
SDK	Software Development Kit	软件开发工具包
SPM	Software Project Manager	软件项目经理
TCP	Transmission Control Protocol	传输控制协议

目　录

绪　论

日趋激烈的人才竞争最终将转化为新产品的研发竞争。伴随着市场竞争的日趋残酷，产品的生命周期正在不断缩短，目前比过去更加注重市场产品调研、产品创新和市场产品营销之间的彼此作用，企业之间的竞争开始转向生产成果管理的竞争。集成产品开发（IPD）是一套产品开发的模式、理念与方式，其框架如图1所示。

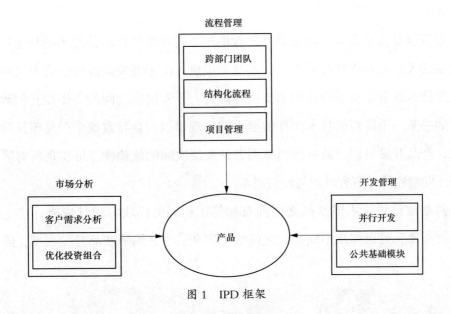

图 1　IPD 框架

1. 市场分析

市场分析是从生产成果的外在客观因素来判断影响产品市场占有率和存活率的原因。客户需求主要集中在分析生产成效的开发使用，是确定生产成果市场定位的有力武器。优化投资组合有效集中在分析集成产品开发，强调对生产成果开发进行高效的成本价值协调分析，以获取最优配比。

2. 流程管理

流程管理主要聚焦于不同部门与不同小组间项目协同管理与交流问题上，在流程中的每一个阶段与决策制定中，来自不同部门工作人员将会在同一个部门管理的团队内协同工作，配合研究，实现优势互补，合作共赢，提升产品核心价值。产品开发的决策和消费者使用需求设计，通过项目管理来保证产品顺利地得到开发，跨部门团队组织结构以流程形式运作，是提升效率的基本保证。项目管理是跨部门小组集合起来，优势互补，交流合作的重要环节。它可将客户的需求转化并实现为产品的实际功能，通过制定详细规划，并使规划具体到每个环节及个人的具体工作。这样会使一个优秀的产品从概念形成到上市的时间周期大大减短，有利于获取更多的附加价值，争取抢夺占领市场的先机。

3. 开发管理

开发管理是提高集成生产成果开发效率与节省开发经费的关键手段与途径。开发管理主要的关注点在于并行开发和公共基础模块。由于开发阶段是以流水线的形式存在，上层技术通常需要下层技术的支持与配合，开发层次之间的工作相互依赖、缺一不可。如果某一个阶段的技术工作被延误或出现错误，会导致整个产品项目的开发周期延长，产品开发延误。通过适当减弱各开发层次间的依赖性，可实现所有阶段任务的并行开发与应用，节省时间与经济成本。

公共基础模块指不同产品之间拥有和使用相同的模块与设计成果，建立公共基础模块数据库，可以实现不同产品之间的重用和共享，缩短产品开发周期，降低产品成本。

第一章　研发项目管理与实践

第一节　研发项目管理基础

一、项目管理起源

项目管理起源于建筑，万里长城、金字塔等被誉为世界项目管理的典范。

20 世纪 80 年代初，鲁布革水电工程项目为了从世界银行取得贷款，首次运用项目管理理论，并且获得巨大成功。1987 年 11 月，国家计划委员会要求在建筑等行业积极推广鲁布革水电工程的"项目法"管理经验。所以，有人会认为项目管理就是工程管理，实际上这是人们的一种误解，工程管理只是较早地引入了项目管理知识而已。

项目管理是将知识、技能、工具与技术运用于各项目之中，以达到项目要求。有人认为项目管理之道为科学与艺术的融合。美国项目管理大师威尔斯教授认为，为了保证项目一次完成，事前一定要把项目界定清楚。项目界定至少包括范围、时间、成本、质量四要素。若项目执行之前，这四个要素不清楚，项目未做就已经埋下了失败的种子。

项目具有"逐渐完善性"，强调"事前一定要把项目界定清楚"是个相对概念，是一个反复过程。

二、研发概述

（一）研发的概念

研究与发展简称为研发，包括所有科研与技术发展工作。研究是针对某个主题的科学知识进行大量的、系统的、反复的探索，通过对事物现象的周密调查与反复思索来揭示事物的本质。研究是一个重要的科学调查实验与分析过程。发展则是运用科学知识对基本思想、基本原理进行进一步的发展，以产生一种新的物质形态。研究旨在探索未知，而发展则要从潜在的或基本的因素中创造出某种具体的物质形态，如新产品、新工艺、新材料等。发展一般包括新产品开发与工艺改造两大类。研发活动不同于一般的生产劳动，它是一类特殊的生产劳动，具有探索性、创造性、不确定性、继承性的特点。

1. 探索性

研发的目的在于探索未知，解决尚未解决的问题，寻求解决问题的途径和方法。任何研发活动无不处于探索之中。

2. 创造性

创造各种新知识（新概念、新理念、新思想、新产品、新工艺与新设计）、新方法是研发工作的本质要求。

3. 不确定性

研发工作的探索性和创造性决定了其具有不确定性，由于研发工作没有百分之百成功的把握，失败在所难免，研发活动具有一定程度的风险。

4. 继承性

任何研发活动都要利用前人的成果和前人积累下来的知识与信息。一方面要利用前人建立起来的科学技术体系，作为继续进行研究的工具、手段和依据之一；另一方面，又要十分注意信息的交流继续探索前人没有完成的事业。空想与创造的区别，就在于是否承认继承前人的成就。另外，要继承，就必须注意对研发人员的选拔和培养，让科研事业后继有人，且也要注意对现有的科研成果的继承。

（二）研发项目类型

根据研发对象的不同性质，可以将研发项目划分为三种，即基础研究项目、产品开发项目和工艺改造项目。

1. 基础研究项目

其目的在于认识世界，为推进科技进步而进行初步探索。这种研究项目不一定有特定的商业目的，其研究成果一般是广泛的真理，普遍的原则、理论或定律。对于工业企业的基础研究项目来说，它一般具有一定的范围，或多或少关系到其当前或未来的经营范围，因而企业的基础研究项目往往是一种定向的基础研究。

2. 产品开发项目

产品开发项目是指根据基础研究的成果及市场的需要，运用新材料、采用新设计开发创造满足市场与顾客需求的新产品。其本质是为满足需求创造新的可应用的新产品、新药剂、新软件等。

3. 工艺改造项目

工艺改造项目是指为了降低生产制造成本，采用新的知识与技术改进现有产品的生产与制造工艺，从而降低生产制造成本的研究。

（三）研发项目的作用

1. 基础研究项目是人类知识的重要来源

基础研究是推动社会发展所需知识的重要来源，其做出前人所没有的发现或发明，从而推动知识与理论的发展。它不仅在于探索自然界与人类社会的一般规律，孕育着科学技术质的变化和发展，促进人类认识和生产力的飞跃，也对人类文明的进步做出重大贡献。

2. 产品开发项目是企业竞争力的源泉

竞争是市场经济的绝对法则，企业要在竞争中生存，首先要靠有竞争力的产品，而有竞争力的产品是以优势技术为条件的。企业通过研发项目，可以开发出性能卓越、经济性优异的产品，去开辟新市场，占领或扩大已有市场；尽管可以通过引进获得新技术，但真正的竞争力仍然要靠自主的知识产权。一个经营单位要增强自身的竞争优势，必须在内部储备不断进行研发的潜力，不失时机地将这些潜力转化为有竞争力的畅销产品与科技成果，而研发工作的重点就在于创造出这些潜力。

3. 工艺改造项目是企业与社会价值的重要来源

企业财富的来源是利润，它既可以通过新产品满足用户或市场的需要，又需要通过新技术与新工艺来降低生产成本，获得更高的利润。只有通过向社会提供质量性能更好、价格更低的产品，争取更大的市场需求空间，才能显著提高产品与服务的附加值，体现企业与社会的价值，这些都通过工艺改造项目来获得。

综上所述，研发项目无论是对企业（大学科研院所），还是对整个社会都起到非常重要的作用。

（四）研发的特点

1.多因素特性

研发是技术和经济结合的过程，决定项目研发成败的因素非常多，其中主要因素可以概括为组织内和组织外两大类。

（1）组织内因素主要包括组织获取信息的能力、组织技术因素、组织管理因素和经济因素。

（2）组织外因素主要包括政策因素、社会环境因素、市场因素等。

2.风险性

研发具有很大的风险性和不确定性。外部环境的不确定性、研发项目的难度和复杂性，以及开发者自身能力与实力的有限性，都可能导致了研发达不到目标。研发的风险是客观存在的，贯穿于研发项目的选择和开发的各个阶段。研发的风险因素可以分为环境因素、技术因素与管理因素三大类。

（1）环境因素：一般由宏观经济形势的变动而带来新产品的市场需求和资金来源风险，消费者需求的变动、产品潜在的市场容量、竞争对手的数量和实力、产品所属行业的发展情况、产品的原材料供应、知识产权的保护及进口产品的冲击等都构成研发的外部环境风险。

（2）技术因素：源于技术本身的因素，包括技术前景的不确定性、技术不先进、技术的难度与复杂性、技术效果的不确定性。

（3）管理因素：研发的风险因素有对技术的了解不足，民主决策与科学决策水平低，研发项目的可行性论证与计划不科学，消费者需求及目标市场不明，对竞争对手情况及国外厂家的情况了解不足，研发项目组织管理不合理，研发项目进度控制不力，研发项目经理或成员的水平和能力不足，对研发人员的激励程度不够，研发项目开发资金供应不到位，对风险所造成的不利因素防范不力等。

三、现代研发管理概述

1867 年，德国的 BASF 化工公司为了开发染料技术，创建了全球第一个企业专属的研发部门。1876 年，爱迪生在新泽西州的门罗公园成立了一个专门从事技术开发与商品化的研发实验室。从此，开启了企业有系统与有目标的技术研发。

研发部门可以说是企业所有部门中角色地位受到环境变迁影响最大的一个部门。企业组织对于研发功能的认定也随环境变化，产生了与过去截然不同的观点。有研究曾将研发项目管理的演进历程分为三个阶段，而其中每一阶段的演进都代表技术创新对于企业经营所起的重要作用。

（一）第一阶段，研发项目管理由科学家主导

第一阶段的研发项目管理并没有明显的策略目的。研发与当前业务没有直接关联，研发活动主要由科学家与技术专家主导，企业高层不参与研发相关的决策。处于这一阶段的企业，一般将研发视为可有可无的行为，对于研发支出采取成本控制的方式，也不期待研发成果对于当前营运可能带来显著的贡献，因此研发部门每年都要主动向企业争取部门预算。

另外，研发部门本身对于研发活动也没有一套系统化的管理方式，研发主题选择多由技术人员自主决定，没有明确的商业化动机，研发成果的评量也以技术产出指标为主。因此可以说，第一阶段的研发项目管理是一种初级的管理活动，仅能认知研发活动的专业性特征，尚未认识到研发活动对于企业营运的重要性与关联性。

（二）第二阶段，研发项目管理重点在于支持业务需求

当企业拥有第二阶段研发项目管理的观念后，研发与业务会逐渐产生联系。不过多由业务部门提出需求，而研发部门被动配合。组织仍然采取功能性分工，不过与业务目标相关的研发项目也开始采取矩阵式的管理方式，研发活动依据项目的类型采取不同的绩效评估与管理方式。在这一阶段，虽然企业已将研发纳入运营活动的一部分，不过研发活动仍以配合公司经营方针为基础。研发创新成果并不被视为竞争优势的主要组成部分，因此研发在组织内仍属于功能性部门。一般在技术发展较为成熟的产业或者采取技术跟随策略的企业，多采用这种第二阶段的研发项目管理观念。

（三）第三阶段，研发项目管理跃升至战略的层次

第三阶段研发项目管理将研发活动纳入整体组织的战略架构之中，研发活动有比较明确的战略目的，研发与企业发展呈现紧密的关系。技术创新成为经营活动中的重要组成部分，企业采取跨部门的矩阵式管理方式来组织创新活动。对于重要的创新项目，也会采取独立项目小组的方式，跨越部门本位的限制，由公司高层直接领导。研发部门的地位大幅跃升，能与业务生产部门平起平坐，企业投入于研发创新的经费大幅增加，同时更加重视研发成果的绩效评估。

所谓第三阶段研发项目管理是将研发活动与企业运营进行紧密的结合，研发创新成为经营战略规划中不可或缺的一部分，因此研发的重要性也大幅提升。企业的运营管理更多强调整合发展与战略规划，至于资源配置的优先程度，要视各项目对于组织战略目标的贡献程度而定。

（四）第四阶段，研发项目管理将创新视为经营的核心

第四阶段研发项目管理虽然在许多作业管理层面仍持续第三阶段研发项目管理的做法，但两者主要差异在于对技术创新的策略态度。例如，在研发项目管理与绩效评估方面，第四阶段研发项目管理就更为重视研发活动所带来的策略性效益，因此给予研发部门更多的自主发挥权利，研发资源的运用也较为弹性宽松。企业将研发投资视为一种知识资产，并认为这种知识资产将创造出比其他有形资产更高的投资回报率。虽然领先创新可以有较大机会把握市场，攫取较高的市场利益，但发展创新所面对的最大困难就是模糊与不确定，这导致投入开发新业务与新产品的高度风险。因此提高对未来市场与未来技术的认识，并采取有效的技术策略与建构创新导向的组织制度，具有十分重要的作用。进入第四阶段研发项目管理的企业，应将创新视为企业经营层面最重要的议题，将研发项目管理的范围由一个部门提升到针对企业整体的创新活动。无论在技术研发、市场发展、生产制造的组织运作还是流程管理、策略规划等，都应以持续创新作为最高的指导原则。

第二节 现代企业应用实例

产品研发是企业在激烈的市场竞争环境中赖以生存和发展的基础，这是市场经济和全球一体化的铁律。由于顾客的需求经常发生变化和改变，企业只有不断改进产品，增加和完善功能用途，提高产品质量，改进外观包装装潢，才能适应消费者不断变化的需求。例如，中央变频空调、无油润滑磁悬浮空调、电灯的发明，汽车设计的更新迭代，无线互联网络的发明，数码照相机的产生等。

一、研发项目经理岗位职责

研发项目经理岗位职责见表 1-2-1。

表 1-2-1　　　　　　　　　　研发项目经理岗位职责表

岗位名称	研发项目经理	
岗位价值	掌握产品研发中所需的核心研发技术，管理产品研发的整个项目周期，并整合、组织、协调内外研发资源，保质、保量地实现满足设计理念和需求的产品	
工作职责	工作内容	工作标准
负责产品的研发实现，以及研发过程中的项目管理	对于确定实施的新产品研发或老产品改良升级工作，制定研发计划	新产品研发应制定详细的《项目立项报告》，明确技术方案、人员分工、时间计划、资金计划、风险预测等；老产品改良升级工作应制定简易的《项目立项报告》，明确技术方案、人员分工、时间计划等
	仔细阅读产品经理编写的《可行性分析报告》及《需求分析说明书》等产品研发的相关文档，充分与产品经理交流沟通，理解产品经理的思想，确定产品研发实现方案	深刻理解产品的市场定位、产品概念及功能需求等；编写《系统架构及概要设计书》，并充分与产品经理交流实现方案、技术内容等
	组织研发团队、明确各研发人员的分工，按计划完成研发任务	审阅研发设计师及研发工程师的工作周报（1次/周），并向研发部长上报研发工作周报（1次/周），包括上周工作总结、工作问题及解决方案、下周工作计划等
	审核产品核心模块的详细设计	审阅《详细设计说明书》

续表

负责产品的研发实现，以及研发过程中的项目管理	负责指导研发团队成员理解设计文档、掌握研发技术等，检查成员的工作是否达到要求	检查团队成员提交的详细设计说明书是否编写正确；检查团队成员编写的程序代码是否符合编码规范（至少2周/次）
	在研发工作紧张时，亲自承担关键模块的详细设计及程序编码工作	在研发实现阶段与团队成员能够相处十分融洽
负责解决产品的缺陷和问题	阅读并确认测试工程师提交的《测试问题报告表》，制定缺陷改进计划	对于测试人员发现的所有bug（缺陷）都要在24h内下达修复任务，对于测试人员提交的bug有异议的，及时报告给研发部副部长，由研发副部长判断决定bug成立；研发副部长认为有异议的，及时报告研发部长，由研发部长负责决定是否成立
	组织协调团队成员研究缺陷改进方案，并最终解决问题	必须优先解决产品缺陷问题，必要时派遣负责产品相应模块维护的研发人员到项目现场确认问题的成因，甚至协调抽调团队中的技术骨干参与解决问题
整合、组织、协调各种内外部资源	主动寻找新的外部研发合作资源	坚持资源整合、多方合作的原则；根据产品研发需要至少寻找外部研发资源（1个/年），并提交给研发部长
	对于已建立合作机制的伙伴应积极保持联系与互动	对于战略合作伙伴应保持交流沟通（至少1次/月）
	参与专利等研发成果申报工作，提交成果原始资料	整理发明人、创新点、技术路线、技术方案、源代码等基础资料
负责设计文档、源代码等资料和文档的管理	负责设计文档、源代码，研发资料在服务器上的存档、管理及更新维护	资料存档健全，维护工作分解到固定人员；分配控制合理的访问权限；每一次更新维护必须编写《更新记录》
	因维护管理产品版本的需要，接受产品经理对资料文档的管理的建议	具体研发工作必须有明确的输入文档后才能开始，完成阶段性工作时，原则上测试通过后方可进行下一阶段工作
负责研发团队的技术学习以及能力提升	掌握产品研发中的核心研发技术	能够对团队成员进行技术辅导和培训，对于算法等核心技术能理解其原理
	积极寻找学习资源，为团队创造成长环境	熟知产品研发所需的知识体系，有计划地购买学习书籍；寻找外部培训资源（至少1次/年）
	组织并督促程序员以及研发设计师学习并掌握产品研发中所需的技术和能力	组织团队成员自学再向大家讲授的活动（至少1次/季）；亲自向团队成员讲授的培训（至少1次/年）；由程序员培养成研发设计师（至少1人/年）；由研发设计师培养成研发项目经理（至少1人/年）

二、电气类研发工程师岗位职责

电气类研发工程师岗位职责见表 1-2-2。

表 1-2-2　　　　　　　　电气类研发工程师岗位职责表

岗位名称	电气研发工程师	所在部门	研发部
职系	技术	岗位分析日期	××年××月
工作职责	工作任务		
协助研发经理做好项目开工前的各项准备工作	参与图纸会审和技术交底工作，审查电气工程方案、施工图和施工方案，提出合理化建议和意见		
	参与审核施工单位的施工组织设计工作		
	负责组织强弱电专业施工队伍完成前期的临电工作		
对项目施工阶段的电气施工进度、工期和质量及竣工交用前的相关工作负责	协助项目经理制定所负责工程的电气施工进度计划，并负责监督执行		
	负责督促施工单位按期完成电气工程施工进度计划		
	根据设计图纸、施工规范、质量安全标准及审核批准的施工设计（方案）组织实施对承包单位的电气工程质量的检查、抽查及工作任务的执行与落实的监督		
	负责对工程材料进场验收的检查或抽查		
	负责现场电气施工检查与监督，对施工中的工程变更进行现场核实并签署意见；增补工程量进行现场核实和签证		
	填写施工日志等过程记录，确保文件和资料的完整、真实、准确		
	提议电气工程返工、停工签证，必须对预算外现场发生的土建工程临时性变更进行跟踪、核实，如实签字证明，并报上级审批		
	负责审核电气施工单位月报工程量的审验计量工作		
负责电气工程验收及配合其他部门做好与开发项目相关的工作	负责电气工程中隐蔽项目的检查、记录、验收及功能检测		
	负责对电气工程项目的后期检查与维护工作		
	依据项目的总体工期计划，督促施工单位提交报建、报验资料，配合相关部门做好施工过程中的报建、报验工作，并参与电气工程竣工验收管理工作，对本专业竣工图纸签字确认		
	协调施工现场，做好交房前现场的其他准备工作		
参与部门内部管理工作	完成本职工作及上级安排的其他工作		
	协助部门其他人员的工作		

三、研发中心项目管理制度案例

（一）职责

公司的技术研发中心负责公司产品的研发工作，对新产品的研究、技术管理，以及公司技术发展进行总体把握。另外，还要管理公司产品整体技术的发展轨迹及产品的研发进度，同时对研发的成本进行控制。

1. 管理权限

受总经理委托，行使对公司技术引进、新产品开发研究、新技术推广应用、技术指导与监督等全过程管理权限，并承担编制公司技术规章制度、管理规程等工作。

2. 管理职能

负责对公司产品实行技术指导，规范工艺流程，制定技术标准，抓好技术管理，实施技术监督和协调的专职管理部门，对所承担的工作负责。

（二）立项程序

1. 原则

产品研发是企业在激烈的技术竞争中赖以生存和发展的命脉，是实现"生产一代、试制一代、研究一代、构思一代"产品升级换代宗旨的重要阶段，它对企业产品发展方向、产品优势、开拓新市场、提高经济效益等方面能否顺利实施起着决定性的作用。为了加强对公司新产品开发和产品改进工作的管理，加快公司技术积累，打好技术基础，加快产品研发速度，完善指导产品研发工作，在进行产品研发时既要考虑经济效益，又要考虑社会效益和资源环保效益。

2. 程序

（1）技术研发中心根据公司长期发展规划，调查国内外市场和重要用户的技术现状和改进要求，为满足市场需求研发不同于公司现已生产的产品，以及在公司已批量生产的某种产品的基础上于每一季度月初提出研究方向和重点任务。

（2）各相关部门根据产品研究重点，结合本公司生产经营需要，再通过市场评估、设备评估、生产力评估、产品检验能力评估、产品的技术发展方向和动向、市场动态及发展产品具备的技术优势，向技术研发中心提出科技研究开发项目申请表和项目开发可行性分析报告。

（3）技术研发中心根据公司当年生产情况组织人员对申报项目进行评议和筛选，根据其重要性和创新性分为 A、B、C 三类。

A 类：在公司原始创新、集成创新和引进消化吸收再创新的项目，其实施技术难度大，开发创新（新材料、新工艺、新设备、新技术）内容较多的项目，总体技术水平达到国内领先水平以上。

B 类：在引进消化吸收的基础上进行自主创新，总体技术水平达到行业先进水平。

C 类：为公司改进创新项目，创新技术在公司内部具有良好的推广价值，在技术上有一定创新和技术难度，总体技术水平达到公司领先水平。

（4）项目产品经评议和筛选后，技术研发中心编制公司年度科技研究开发计划书并呈报总经理审批后发布。

（5）根据调查分析市场和主要竞争对手产品的质量、价格、市场、使用情况和用户改进要求，营销中心和技术研发中心应于每个季度末（第四季度除外）和每年的 12 月 31 日之前，提交下个季度和下一年度的《产品研发项目建议表》。

（6）公司员工对提高产品质量和性能、降低产品制造成本的建议，经技术研发中心评审通过后，按本制度规定的程序进行发布。

（7）为充分发挥聘请专家的作用，公司将聘请专家参与计划编制、立项评议、项目管理等有关咨询工作。所聘专家必须具备下列基本条件：从事相关领域或专业工作满五年，具有良好的职业道德、能做到独立、客观、公正廉明、实事求是，熟悉相关领域和专业的最新发展动态。

（8）项目实施必须明确指定项目组长，中途不得随意变更。

（三）项目管理

1. 计划管理

（1）年度计划的编报和审批。编报年度计划的依据是经批准的项目计划书或实施方案。总项目的年度计划，由技术研发中心于上年度的 12 月份编制，报告于总经理审查后下达。需跨年度的项目，与申报新立项目一起报送。

（2）年度计划的实施和检查。技术研发中心和各相关部门，按批准的年度计划组织实施，并经常进行监督、管理，帮助解决存在的问题。每半年由技术主管负责组织有关部门对提交上来的年度产品研发项目建议表进行评审，对评审通过的项目上报总经理批准。

（3）年度计划的调整，应报总经理审批。

2. 物资管理

对于每一项目所需要的物资，要列入企业物资供应计划，并保证科技研发项目所需物资的充足。用于项目研发的物资，任何部门和个人不得截留或挪用。

3. 成立小组

每一个立项的项目都要成立项目小组，并设定一名组长，由技术研发中心骨干成员担任，相关部门人员参加。

（四）专利申请

在注重知识产权的时代，公司必须重视专利申请工作，专利申请工作由技术主管负责。项目小组的所有相关保密资料必须存档保存（纸质、电子版）。此项工作由技术研发中心技术主管负责。

技术研发中心对需要申报的专利提出申请，并提供相关资料和文件。

总经理批准后，由行政办协助专利申报工作。

（五）项目检查

研发项目立项后，立项小组确认项目承担人和参加人，对项目的执行情况和经费使用情况进行跟踪检查。项目跟踪检查内容：①项目进展情况，项目是否按项目计划进行；②项目负责人和项目组成员是否按规定技术内容进行，是否变更项目负责人或项目参加人；③已有的工作成果和阶段性研究成果是否在预期时间内完成；④经费使用是否符合项目经费管理办法和其他规定；⑤有无不符合项目管理办法的行为和情况。

项目主要负责人应保存项目资料特别是原始资料，收藏从项目申请、立项、研究到结项全过程相关材料以及经费开支资料、凭据等。项目负责人每年年终应填写相关项目检查表，提交项目研究进度和经费使用情况的书面报告，由技术主管定期向总经理汇报。

在项目执行的同时，技术主管要经常检查落实科技计划实施情况，加强项目管理，建立项目档案。在切实做好日常管理工作的同时，尽可能为研究工作提供必要的咨询和条件。对于项目负责人提交的项目检查表进行审核，并签署审核意见。

第三节　经典案例

一、苹果公司

在新产品开发方面，时间管理、质量管理和成本管理需要协调管理，形成对产品开发的循环管理，让新产品开发在各个阶段不断优化，使其不断进步，让企业赢得更大利润。新产品的开发必须注意对开发过程的管理，这样才能以最低的成本，在合理的时间要求内生产出质量合格的产品，完成企业制定的新产品开发目标。

苹果公司致力于提供实用和创新的产品，主要包括移动电话、游戏、多媒体等，不仅为企业创造了更多的创业机会，也极大地丰富了人们的业余生活。苹果公司，经历了创业阶段、惨淡经营阶段、反弹阶段等发展，才成为今天全球知名的手机企业。在企业的发展中，苹果公司不断突破自身，追求创新，开发新产品。

苹果公司成立专门的产品研发项目团队进行新产品开发，项目团队严格按照苹果新产品开发流程（Apple New Product Process，ANPP），对开发过程中的每一步都进行详细的文档规范，详细描述开发的各个阶段需要完成的任务和达成的项目目标。通过严格的开发程序，规范新产品开发流程，在每个阶段均规定严格的项目负责人、项目参与人和项目的开始时间、持续时间和完成时间。通过严格的项目实施方案，规范新产品开发的程序，对苹果公司新产品开发进行严格的时间管理，便于对新产品开发进行控制。另外，苹果公司的经营管理团队在每周一会对项目的开发工作进行检查，检查是否严格按照开发流程规定的时间期限完成相应工作。在成本管理方面，苹果公司的设计部门完全与财务部门没有任何关联，遵从只要设计师能想到的都可以使用，设计并不迎合制造流程、财务预算或生产部门的理念。根据项目管理经验，新产品开发设计是决定成本的重要阶段。苹果公司在新产品开发设计阶段遵从的理念，成为苹果公司产品价格昂贵的部分原因。

【思考与练习】

（1）结合苹果公司相关材料，谈谈你认为新产品研发最重要的是什么？

（2）苹果公司在新产品研发方面是怎么做的？

二、华为技术有限公司

20 世纪末期，华为技术有限公司（简称华为公司）销售额已经达到几十亿元，为了谋求更好的发展，从国外引入研发项目管理模式。1999 年，华为公司正式引入 IPD 咨询。IPD 是一套产品开发的模式、理念与方法，最先将 IPD 付诸实践的是 IBM，IBM 带领华为推行 IPD 管理文化。第一期合同额 3000 万美元，合作期为五年。在这五年期间，华为公司在 IBM 咨询顾问的带领下，对产品和流程进行重整，对项目管理体系也进行了细致梳理。下面对华为公司的研发项目管理特点进行详细介绍。

（一）基于流程的产品开发

华为公司提倡流程化的企业管理方式，任何业务活动都有明确的结构化流程，如产品规划、产品开发、供应链管理等。

产品研发项目是企业较常见的一种项目方式，华为公司也不例外。为了将产品研发活动管理好，华为公司建立了结构化的产品开发流程，以 LPDT 管理项目工作。

华为公司的产品开发流程分为六个阶段，分别是概念阶段、计划阶段、开发阶段、验证阶段、发布阶段、生命周期管理阶段。为了使大家了解产品开发的总体概况，华为公司首先建立了产品开发流程袖珍卡，放在口袋里可以随时拿出来学习。因为袖珍卡在指导产品开发项目团队方面还不足以具体化、可操作，所以华为公司针对袖珍卡的每个阶段又进行了展开，制作了阶段流程图，描述流程中每项活动的含义。针对项目文档，制作了文档的模板。按照 IBM 咨询顾问指导设计的产品开发流程，和华为公司原来的产品开发模式进行对比，其中一项比较大的差别是概念阶段和计划阶段明显比原来的流程周期长。这说明华为公司更加重视概念阶段对产品的定义及各领域策略的制定，并且更加重视计划阶段对技术方案的制定及各领域实施方案的制定。后来华为公司经过几个 PDT 项目的验证，证实整个产品开发项目的周期缩短了。其原因是在引入 IPD 之前，概念阶段和计划阶段时间短，产品定义模糊、方案不具体，就进入了开发和验证阶段，开发和验证阶段周期加长，导致整个项目开发周期加长。

因此，华为公司的产品研发项目基于产品开发流程，由 LPDT 带领项目团队成员实施产品开发，完成项目目标。

（二）对产品开发项目实施端到端的管理

有些企业由于没有对产品开发实施端到端的管理，出现了许多问题。例如，某医药企业，产品开发完成后要去销售时才发现还没有注册；还有一些企业，产品开发是串行的，一个部门传递至另外一个部门，各个部门为保证部门利益最大化而导致产品开发项目进度延迟。各种现象不胜枚举，在这些企业中均缺少了"端到端"管理项目的特征。

"端到端"在华为公司是非常常见的一个术语，它提示做产品开发项目要从市场中来，最终通过项目活动满足市场需求。也就是说，产品开发项目不仅是技术体系一个部门的工作，还需要其他部门参与，形成跨部门的团队才能完成产品开发目标，保证市场的需求。为了完成最终的产品开发目标，需要市场部门（提供产品需求定义，制定产品宣传方案和实施等）、销售部门（销售预测及销售渠道建立等）、注册部门（注册方案制定及实施等）、技术部门（产品技术实现及目标成本达成等）、制造部门（产品试制及生产测试设备开发等）等共同参与，避免丢三落四、顾此失彼的开发模式。

（三）建立跨部门的项目管理模式

IBM 引入之前，华为公司也采用职能式的产品开发模式，将产品开发任务按照职能分配到各个职能体系，没有明确的产品开发项目经理，或者最多指定一个协调人，由于项目成员沟通不顺畅，产品开发周期相对较长。IBM 引入之后，华为公司建立了许多跨部门的业务团队，如产品组合管理团队、集成技术管理团队、集成组合管理团队等。其中产品开发团队是最典型的，团队成员分为核心组和外围组，分别来自市场、销售、财务、质量、研发、制造、采购、技术服务等部门，他们在产品开发项目领导的带领下，共同完成由集成组合管理团队下达的产品开发目标。现在，华为公司产品开发项目团队采用重度矩阵式的管理模式，由产品开发项目领导和部门经理共同协商确定产品开发团队成员。产品开发团队成员在产品开发项目领导的领导下完成产品开发项目目标，职能部门经理由原来既管事又管人转变为只管人。也就是说，在引入IPD后，职能部门经理的职责更多关注培养部门的能力，包括对部门人力资源规划与培养，部门的管理体系建设，向产品开发团队提供合格的人力资源等。

在重度矩阵式管理模式下，产品开发项目领导对团队成员具有考核的权利。在考核周期，各产品开发项目领导将核心组成员的考核意见汇总到职能部门经理处，由职能部门经理统一给出对项目成员的最终考核结果。

（四）将研发项目按不同业务类型进行分类管理

华为公司一直重视研发，每年会将上年度销售收入的10%投入研发中，但具体到对研发管理，华为公司在IBM咨询顾问指导下，将研发分为预研和开发，因此又将研发投入金额的10%投入技术研究中去。研发又可分为基础研究、应用研究、工程化开发，华为公司将研发费用大量投入在工程化开发中，并兼顾基础研究和应用研究。

华为公司将研发体系的项目重点分为产品预研、产品开发、技术预研、技术开发共四大类。

产品预研：在市场前景尚不明确或技术难度较大的情况下，如果该产品与公司战略相符且有可能成为新的市场增长点，那么可以对该产品进行立项研究，着重探索和解决产品实现的可行性，使其能够在条件成熟时转移到产品开发。

与产品开发相比，产品预研有以下特点：①产品预研的目的是验证或引导客户的潜在需求，把握正确的市场方向和抓住市场机会；②产品预研着眼公司未来发展和未来市场；③市场前景尚不明确；④存在较大的技术风险；⑤主要关注核心功能的实现，一般不做商用要求。

技术预研：在产品应用前景尚不明确或技术难度较大的情况下，如果有利于增强公司产品竞争力，那么可以对这些前瞻性技术、关键技术或技术难点进行立项研究，着重探索和解决技术实现的可行性，使其能够在需要时为产品技术开发提供支撑。

与技术开发相比，技术预研有以下特点：①技术预研的目的是验证产品技术方案或产品技术，并进行技术储备；②着眼公司未来发展和未来市场；③产品可能还没有明确的需求；④技术预研实现难度较大；⑤主要关注核心功能的实现，一般不做商用要求。

华为公司各类型研发项目的特点见表 1-3-1。

表 1-3-1 华为公司各类型研发项目的特点

比较类别 \ 项目类型	产品开发	产品预研	技术开发	技术预研
目的	根据项目任务书中的要求，保证产品包在财务和市场上取得成功	验证或引导客户的潜在需求，把握正确的市场方向和抓住市场机会	开发公共技术和平台，符合用户产品的业务目标	验证产品技术方案或产品技术，并做技术储备市场
市场	针对公司近期的目标市场和客户，且有明确的市场需求	着眼公司未来发展和未来市场，一般在一年内不产生大量销售，市场前景不明确	满足公司当前产品对技术的需求	着眼公司未来发展和未来市场，可能产品没有明确需求
技术难度和风险	较小	大	较小	较大

将研发项目分类是为了考核的需要，对于预研项目而言，由于其风险大，结果难以预知，因此对进度、结果考核的权重要小一些；而对于开发项目而言，由于其进度、结果可以预知，质量可以控制，因此其进度、质量、财务往往成为考核的目标。另外，不同类型的项目对人力资源要求不同，预研项目技术倾向明显，往往是由技术水平高的人进行预研工作，而开发项目往往工程化倾向明显。华为公司提出的"工程商人"大部分是针对开发人员而言的。

（五）依靠过程审计保证

在华为公司有专门部门组织公司的流程建设与优化，建设的重大流程包括产品规划流程（又称为市场管理流程）、产品开发流程、集成供应链流程、需求管理流程等，每个流程都对应一个业务团队（又称为项目团队）。为保证流程体系得到执行，华为公司引入了过程审计的概念，由 PQA（Product Quality Assurance，产品质量监测认证）人员承担过程审计的任务。在每个产品开发项目启动阶段，公司质量部会为项目指定一个 PQA 人员，PQA 人员定位于项目中的流程专家。其具体职责：作为项目的过程引导者，培训项目团队熟悉流程和管理制度；作为过程组织者，组织技术评审，包括选择评审专家、撰写评审报告；独立于项目团队之外，负责过程审计，审计项目团队成员是否按照公司规定的流程实施项目。

（六）培养项目经理

华为公司为培养项目经理，专门成立了项目管理能力建设组，制定了培养规划，并对项目经理的资格条件进行了规定。华为公司在项目管理建设愿景中明确表示：以不断提升公司和各业务领域项目管理能力为龙头，牵引项目经理不断提升个人的项目管理能力，促进公司各业务领域项目成功率的提高，不断满足客户需求。华为公司通过和外部合作，建立统一的项目经理项目管理能力标准，建设培训课程与平台、认证程序与平台，并在第一期目标中（2002 年）计划培养 100 名种子项目经理。

关于项目经理认证，华为公司从知识、技能、行为和素质四个方面进行认证，对项目经理认证规定了五个等级（见表 1-3-2），并从第二级开始规定资格认证的条件 [APM（项目助理经理）、PM（项目经理）、SPM（高级项目经理）、DPM（新产品设计项目经理）]。

表 1-3-2　　　　　　　　　　　项目经理认证等级

APM	PM	SPM	DPM
助理项目经理	负责管理简单项目或协助复杂项目经理	负责管理复杂项目	公司或业务领域多项目管理
二级	三级	四级	五级

（七）在研发项目中技术管理和项目管理分开

华为公司的研发项目管理，体现了技术线和管理线分开的思路。在项目团队中有两个非常重要的角色，一个是项目经理，另一个就是系统工程师。

产品开发团队经理来源于研发、市场、制造等各个领域，类似于一个新成立公司的首席执行官，其将业务计划提交给集成组合管理团队，并争取获得项目开发所需的资金。产品开发团队经理全面负责新产品的成功开发，并组织与管理整个项目开发团队，对团队的研发结果负责。

系统工程师在预测需求、指导产品开发方面扮演重要的角色，其与产品开发团的开发代表和其他代表一起将市场需求转化成产品包需求，更进一步以技术规格表示出来。系统工程师开发产品的总体架构，并推动产品集成、测试策略和计划的实施。

因此，在研发项目中，项目经理更像是管理专家，协调各个部门与角色的关系，而系统工程师更像是技术专家。

华为公司作为我国新兴的科技型企业，在短短的时间内成为世界500强企业，其研发项目管理经验被我国其他企业借用。

【思考与练习】

（1）你认为华为公司在研发管理方面有哪些值得我们学习借鉴的经验？

（2）这段材料让你对 IPD 有了什么新的认识？

三、TCL 集团股份公司

TCL 集团股份有限公司（以下简称 TCL）创建于 1981 年，是全球化的智能产品制造及互联网应用服务企业。企业现有 23 个研发机构、21 个制造基地，在 80 多个国家和地区设有销售机构，业务遍及全球 160 多个国家和地区。

TCL 的发展不仅有赖于管理人员敏锐的观察力，企业员工强劲的研发力、生产力、销售力，还得益于对项目研发成本的有效控制与管理，使产品一进入市场便以优越的性能价格比迅速占领市场，实现经济效益的稳步提高。

很多产品在设计阶段就注定其未来制造成本会高于市场价格，只要提到成本控制，很多人便产生了加强生产的现场管理、降低物耗、提高生产效率的联想，却往往忽略了一个问题，成本在广义上包含研发（设计）成本、制造成本、销售成本三大部分，也就是说，很多人在成本控制方面往往只关注制造成本、销售成本。如果将目光放得更前一点，以研发过程的成本控制作为整个项目成本控制的起点，这才是产品成本控制的关键。

一个产品的生命周期包含产品成长期、成熟期、衰退期三个阶段，这三个阶段的成本控制管理重点是不同的。实际上，产品研发和设计是生产、销售的源头所在，一个产品的目标成本其实在设计成功后就已经基本成型，作为后期的产品生产等制造工序（实际制造成本）来说，其最大的可控度只能是降低生产过程中的损耗及提高装配加工效率（降低制造费用）。目标成本计算公式如下

$$目标成本 = 目标价格 - 目标利润$$

$$研发成本 < 目标成本$$

至于如何保证设计的产品在给定的市场价格、销售量、功能条件下取得可以接受的利润水平，TCL 在产品实际开发阶段引进了目标成本和研发成本的控制。

目标成本的计算又称为由价格引导的成本计算，它与传统由成本引导的价格计算（即由成本加成计算价格）相对应。产品价格通常需要综合考虑多种因素的影响，包括产品功能、性质及市场竞争力。一旦确定了产品的目标，包括价格、功能、质量等，设计人员将以目标价格扣除目标利润得出目标成本。目标成本就是 TCL 在设计、生产阶段关注的重点，也是设计工作的动因，同时也为产品及工序的设计指明了方向和提供了衡量的标准。在产品和工序的设计阶段，设计人员应该使用目标成本的计算来推动设计方案的改进工作，以降低产品未来的制造成本。

（一）TCL 在研发（设计）过程中经验总结

1. 关注产品性能，忽略产品的经济性（成本）

不只是 TCL 的设计工程师，大多数的设计工程师有一个通病，就是仅仅是为了产品的性能而设计产品。也许是由于职业习惯，设计工程师经常容易将其所负责的产品项目作为一件艺术品或科技品来进行开发，这就容易陷入对产品的性能、外观追求尽善尽美，却忽略了许多部件在生产过程中的成本，没有充分考虑到产品在市场上的价格性能比和受欢迎的程度。实践证明，在市场上功能最齐全、性能最好的产品往往并不一定就是最畅销的产品，因为它必然也会受到价格及顾客认知水平等因素的制约。

2. 关注表面成本，忽略隐含成本

TCL 有一家下属企业曾经推出了一款新品，该新品总共用了 12 枚螺钉进行外壳固定，而同行的竞争对手仅仅用了 3 枚螺钉就达到了相同的外壳固定效果。当然，仅从单位产品多出的 9 枚螺钉来说，最多也只不过是几毛钱的差异，但是一旦进行批量生产就会发现，由于多了这 9 枚螺钉而相应增加的采购成本、材料成本、仓储成本、装

配（工人）成本、装运成本和资金成本等相关的成本支出。虽然仅仅是比竞争对手多了 9 枚螺钉，但是其所带来的隐含成本是十分巨大的。

3. 急于开发新产品，忽略了原产品替代功能的再设计

TCL 的一些产品之所以昂贵，往往是由于设计不合理，在没有作业成本引导的产品设计中，TCL 工程师们往往忽略了许多部件及产品的多样性和复杂的生产过程成本。而这往往可以通过对产品的再设计来达到进一步削减成本的目的，但是很多时候，研发部门开发完一款新品后，会加快新产品的推出速度。

（二）TCL 在研发（设计）过程中的成本控制三原则

1. 以目标成本作为衡量的原则

目标成本一直是 TCL 关注的中心，通过目标成本的计算有利于在研发设计中关注同一个目标，即将符合目标功能、目标品质和目标价格的产品投放到特定的市场。因此，在产品及工艺的设计过程中，当设计方案的取舍会对产品成本产生巨大的影响时，应采用目标成本作为衡量标准。

目标成本最终反映了顾客的需求，以及资金供给者对投资合理收益的期望。因此，客观上存在的设计开发压力，迫使设计开发人员必须去寻求和使用有助于达成目标成本的方法。

2. 提出可以提高市场价格又可以增加产品价值的功能

顾客购买产品最关心的是性能价格比，也就是产品功能与顾客认可价格的比值。任何给定的产品都会有多种功能，而每一种功能的增加都会使产品的价格产生一个增量，当然也会给成本方面带来一定的增量。虽然企业可以自由地选择所提供的功能，但是市场和顾客会选择价格能够反映功能的产品。因此，如果顾客认为设计人员所设计的产品功能毫无价值或认为此功能的价值低于价格所体现的价值，则这种设计成本的增加就是没有价值或者说是不经济的，顾客通常不会为他们认为毫无价值或者与产品价格不匹配的功能支付任何款项。因此，TCL 在产品设计过程中把握的一个非常重要的原则就是，提出那些既可以提高市场价格又可以增加产品价值的功能。

3. 全方位考虑成本的下降与控制

在进行新开发项目时，相关部门人员应积极参与（起码应该考虑将采购、生产、

工艺等相关部门纳入项目开发设计小组），这样有利于从全局的角度去考虑成本控制。正如前面所提到的，研发设计人员往往容易走入过于重视表面成本而忽略隐含成本的误区；而采购人员、工艺人员、生产人员的参与，可以在很大程度上避免为了降低某项成本或增加某项功能而引发的其他相关成本增加的现象。因为在这种内部环境下，不允许个别部门将某项功能固定不变，而是必须从全局出发来考虑成本的控制问题。

【思考与练习】

（1）TCL 项目成本控制的关键是什么？

（2）TCL 应如何从全局出发来考虑项目成本的控制？

（3）请简述项目成本控制的目的和作用。

第二章　生产项目管理与实践

第一节　生产项目管理基础

一、生产项目管理概述

企业组织有三大核心职能管理即生产管理、财务管理与营销管理。其中，生产管理是基础，解决"投入—转换—产出"过程中的若干管理问题。识别企业组织的生产过程，制定生产战略，分析企业组织竞争力、生产战略与生产率之间的必然联系等，都是生产管理首先要解决的问题。此外，回顾生产管理的发展历程，了解世界级公司如何利用现代生产管理系统，对任何一个企业组织都是有益的。

21世纪以前，企业会通过科学合理的选择厂房位置、设施和设备，制定生产作业计划，选择工艺流程，确定生产和服务技术，实现有效流程和质量控制，组织生产和技术部门等对生产进行管理，以达到及时生产或提供服务、降低成本的目的。随着生产实践的需要和运营管理理念的迅速发展，生产运营管理理论出现了广义和狭义之分。首先，狭义上的生产运营管理主要是在生产运行体系的基础上，注重每个生产环节可能产生的问题并进行管理；而广义的生产运营管理则在前者的基础上，加上了对生产运营系统的设计定位，包含生产运营过程之前的选择、设计，之中的运行、控制，之后的维护和更新。现代生产运营管理就是从广义的角度而言的，认为生产运营管理就是对生产运营过程的计划、组织、实施、控制、维护和更新，是与商品生产和服务创造密切相关的，从对生产各要素的投入、生产过程系统的设计和更新，以及后续的产品服务和反馈等所有环节的全方位立体式的管理活动的总称。

综上所述，不论是企业总体活动，还是企业的生产活动、营销活动、财务活动、技术活动、人力资源活动、投资活动、安全活动、后勤活动等子项活动，都要经过计划、决策、组织、领导、控制、改善等过程才能得到实现，而决策阶段、执行阶段、监督阶段、改善阶段的管理活动只有在企业的各种经营活动中才能得到体现。

企业实施内部控制制度是社会经济发展到一定阶段的产物，是随着企业对内强化管理、对外满足社会需要而不断丰富和发展起来的。

经过不断发展和进步，我国的内部控制体系越来越完善，并总结了一些相关的制度，来对相关活动进行控制，主要涉及责任的明确、成本的节制、投资决策的科学性及企业内部审计等。特别是进入 21 世纪后，经济全球化、贸易自由化、消费个性化和多样化等经济形势的出现，对制造业的发展生存提出了更高的要求，制造型企业的管理技术进入了更加快速发展的时期。作为集内部物流、成本流、资金流和信息流于一体的生产运营环节，成为制造型企业创造价值的主要环节，管理技术的高速发展在这一环节上表现得尤为明显。但是因为缺乏既懂得内部控制的理论、结构和原理，又熟悉所有制造型企业的生产运营流程、工艺和技术的人才，多数管理者认为，生产运营环节处于制造型企业真正的"内部"，即使出现了内部控制方面的问题，也是"肉烂在锅里"，对其实施内部控制是得不偿失的事情。这些导致了制造型企业生产运营环节内部控制问题不论是在理论探讨层面，还是在实务操作方面都还处于比较初级的阶段。

二、生产项目管理相关内容

（一）生产管理的概念

生产管理（Production Management）是对企业生产系统的设置和运行各项管理工作的总称，又称生产控制。其内容包括：①生产组织工作，即选择厂址、布置工厂、组织生产线、实行劳动定额和劳动组织、设置生产管理系统等；②生产计划工作，即编制生产计划、生产技术准备计划和生产作业计划等；③生产控制工作，即控制生产进度、生产库存、生产质量和生产成本等；④保证纳期交付正常，根据生产计划安排，保证客户产品交付正常。

生产管理的任务包括对客户产品交付异常情况进行及时有效的处理。通过生产组织工作，按照企业目标的要求，设置技术上可行、经济上合算、物质技术条件和环境条件允许的生产系统；通过生产计划工作，制定生产系统优化运行的方案；通过生产控制工作，及时有效地调节企业生产过程内外的各种关系，使生产系统的运行符合既定生产计划的要求，实现预期生产的品种、质量、产量、出产期限和生产成本的目标。生产管理的目的是做到投入少、产出多，取得最佳经济效益。而采用生产管理软件的目的，则是提高企业生产管理的效率，有效管理生产过程的信息，从而提高企业的整体竞争力。

（二）生产管理系统的流程

在生产过程中，各种原材料、在制品和产成品在企业各生产部门之间不断地流动，始终处于被运输或存储的状态，这个流动过程造成了生产系统的物料流。此外，企业接受客户的订单，将其转化为用于指导生产的各种生产计划，在生产计划执行过程中，需要对各生产单位的生产实绩进行收集整理，反过来对生产计划进行调整和对生产过程进行控制。这个过程中，在企业各部门之间流动的是各种信息，构成了生产系统的信息流。生产系统的物料流和信息流示意如图 2-1-1 所述。

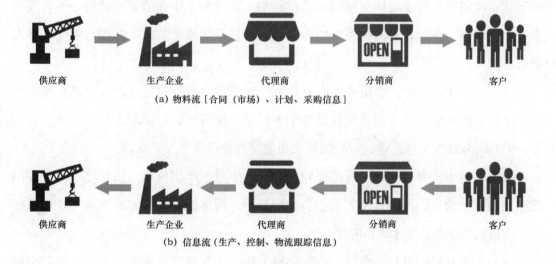

(a) 物料流 [合同（市场）、计划、采购信息]

(b) 信息流（生产、控制、物流跟踪信息）

图 2-1-1　生产系统的物料流和信息流

生产管理系统具体流程如下：

（1）添加生产预测单。收到订单后企业首先要做好生产预测单建立，以保证在订单源头对订单进行定性定量，并对产品数量、开工日期、截止日期等进行预测，从而提高订单业务的准确性。

（2）添加生产计划。做好生产预测后就要建立生产计划，生产计划是关于企业生产运作系统总体方面的计划，是对生产任务的计划和产品生产进度的安排，完全靠人工管理是非常困难的。

（3）添加生产订单。生产计划完成后开始制作生产订单，生产订单指的是企业根据客户订单的需求量和交货期来进行生产安排。很多企业属于多品种、小批量生产模式，担心订单多、难管理，但在生产管理系统中完全不存在这些情况，而且可以一键关联以下任何步骤。

（4）安排委外加工。制作好订单后，由于企业产能有限，部分零部件或工序需要委外加工。在委外加工过程中，要注意在系统中做好价格、成本核算，材料的发出与物料的回收等统计工作，以免出现扯皮，保证有据可查，降低损失。

（5）安排生产下达。以上四步将前期工作安排妥当，便要开始生产下达工作。生产下达，即将生产任务具体安排到生产车间的一个或多个作业组开始执行，不需要到多个生产线逐个传达，只需在系统中将生产具体任务生成下达单，并指定接受任务人员查看即可。

（6）生产派工安排。小组负责人收到生产任务后开始针对各生产人员进行生产派工，生产管理系统可将工作直接派发至个人，员工每日根据生产派工单的要求进行工作，而且部分计价工资企业，可根据派工单数量直接计算员工工资。

（7）进行生产领料。生产人员接到任务后会生成生产领料单，领导经过审查没问题后便会审核通过，同时仓库人员也会收到提示，提前做好物料发放准备工作，以便生产人员随到随领，减少等待时间。

（8）生产补料、退料、废料。企业领料工作一步到位很难精准，故生产过程中难免会出现物料不够、多领或产生废料的现象，只要在系统中添加相应单据，并说明真实原因，经过领导审核通过后，所有物料返还给仓库，再做合理利用，可避免材料浪费等现象，同时可为降低生产成本做出巨大贡献。

（9）进度汇报工作。在生产加工过程中，不可避免地便是进度汇报工作。以往企业选择每天手动填写每日工作进度，再三核实后逐层给领导汇报，这很难一目了然。而在生产管理流程系统中，由于各单据都是相互关联的，可以实现随时一键查看生产订单所有执行过程，实时跟踪，掌控生产进度，及时调整、安排生产活动，进度一目了然，可以完全保证完成生产作业计划所规定的产品产量和交货期限指标。

（10）产品质量检验。生产加工步骤完成后要对产品进行质检，生产管理系统可为每个产品建立唯一标记，不论抽检和全检，都可进行每道工序和产品质检，严控产品质量，减少退货、索赔风险，并且追踪产品问题根源，及时改进。完全可避免不合格的产品流入市场，影响企业竞争力。

（11）建立返工单。质检后难免还会产生不合格产品，对不合格的产品需要进行返工，为能够秩序管理返工生产全过程，需在系统中建立返工单，类似于重复以上生产流程。

（12）进行返工汇报。由于返工现象会降低整个生产过程的生产效率，故要对生产返工进行总结汇报，不仅能对生产返工进度进行实时监控，还能为不合格产品按要求采取相应措施，避免同类返工多次出现，从而提高生产效率，降低成本。

（三）生产管理的目标

生产管理是企业管理的基本部分，是企业最重要的基础管理，是实现经营目标的基础和保证，是提高经济效益的重要手段，是增强企业应变能力、提高竞争力的重要措施，是确保企业上层领导集中主要精力、搞好经营决策的前提条件。

生产管理以讲求经济效益、以需定产、科学管理、组织均衡生产、开展文明生产为指导原则。生产现场管理是用科学的方法对生产现场的各生产要素进行合理配置，对生产过程进行有效的计划、组织和控制，提高生产现场的运行效能，实现安全、均衡、文明生产，以达到优质高效低耗的生产目的。

（1）有效组织和计划管理。要做到定额、定时、定员、定量、定标准，谋定而后动。生产任务下达后，要迅速反应，马上行动，各部门也要积极配合，做好一切生产准备工作，根据供货周期，制定生产进度表，进行任务分解、分工、合理的安排，按照生产流程卡和作业指导书，使生产认真有序地进行。同时，对生产过程要有很好的控制，以做到保证质量，及时供货。

（2）努力降低生产成本。要节约耗材，如焊锡、胶带等；要爱护生产工具和设备，如烙铁、台钻等；工具尽量分配到人，若损坏或丢失由个人负责。

（3）提高生产效率和合格率。加强对员工的培训，提高员工的自学能力，让员工掌握更多的知识，以减少一些低级错误的发生，如插错元器件等；集合大家的智慧，采取更好的措施，努力提高生产效率，如尽量减少加班是减少质量问题的较好的办法，但有时又必须加班，因此解决好车间加班时突发的各类问题对于产品质量的提高有十分重要的意义。因为车间生产人员一般在加班时容易出现问题，这就要求生产人员一定要保持冷静，不要心急，要更加细心，每生产完一件产品交给检验人员检验之前，应再仔细检查一遍，看是否有问题，做到认真地自检、互检。这样做表面上看是浪费了一些时间，实际上提高了一次合格率，提高了工作效率，因为一旦返修，就会多用一些原材料，且耽误时间，更容易造成质量问题。

（4）保持良好的企业形象。采用以整理（Sort）、整顿（Stable）、清扫（Sweep）、清洁（Swept）和素养（Support）为基本内容的现场管理方法，即5S管理法，建立生产部严格的卫生值日制度（见图2-1-2）。事事代表企业形象，人人代表企业形象，一个公司的卫生也代表企业的形象，生产部的卫生一定要搞好，所有的物品都要摆放整齐，并放到固定的位置，生产线要清理、清扫，不能有灰尘，地面要清扫，下班后一定要关断电源，时刻注意安全问题，做到清理、清扫、整齐、洁净、安全，树立一个良好的部门形象。

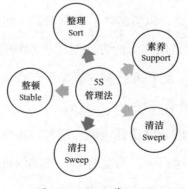

图 2-1-2   5S 管理法

（5）库存及原材料的准备。常用原材料和有供货周期的原材料要有一定量的库存，以满足生产的需要。对于成品，必须保证每种产品都有一定量的库存，以满足销售和更好地保证产品质量的需要。同时，根据市场形势的需要，应适当地加大或减少某种产品的库存。

（6）工作总结及分析报告。生产部的所有成员到月底都要上交工作总结，同时鼓励每位员工写出对公司的意见，提出一些好的建议，积极参与生产管理。另外，生产部协助质检部分析出成品及原材料的质量问题的原因，画出质量分析图，上交总经理。

（四）生产管理原则

生产管理应遵循的原则是多方面的，也是不断变化和发展的，主要包括五个方面。

1. 市场导向原则

自始至终要立足于市场、服务于市场，要按市场需要、社会需求进行。突出以市场为导向意味着要求企业各级领导、全体职工树立强烈的市场意识、竞争意识，认识到通过市场才能体现出企业存在的价值。这就要求企业利用各种渠道，通过各种形式，落实到每个人去认识市场、了解市场、熟悉市场，分析和研究市场容量、市场潜力、服务对象、服务标准、竞争对手，利用自身优势，扬长避短，去占领市场，从而主动地去把握市场，扩大市场占有率。在突出市场为导向时，要把对市场的灵敏反应体现出来，要加紧产品或服务开发，研究和进行产品结构调整，不断满足市场需求。

2. 经济效益原则

这是指要用最少的劳动消耗和资金使用，生产出尽可能多的适销对路的产品，因此生产管理要克服只抓产量、产值而不计成本，只讲进度和速度而不讲效率与效益的单纯生产观点，树立以提高经济效益为中心的指导思想。要在生产管理中充分合理运用人力、物力，力求消灭废品、库存积压，加快资金周转，精打细算，厉行节约，力争在完成预定的目标任务条件下做到少投入、多产出，杜绝浪费现象，向管理要效益。

3. 科学性原则

现代化大工业生产规模大，环节多，分工细，协作关系复杂，因此进行生产管理工作必须按科学规律办事，实行科学管理。现场管理的思想、制度、方法和手段都要从生产方式的管理上升为科学管理等符合现代大生产的客观要求。有人认为现场管理很简单，没有多大"学问"，无非是跑跑腿，动动嘴（传达上级指示要求），凭经验办事，这是不正确的。生产管理有许多值得研究的问题，有许多常规的工作可以改进和完善。例如，工人的操作方法和生产作业过程是否合理，各种资源的利用是否经济、有效，现场布置是否科学，员工的积极性是否充分调动等。

实行科学管理，要注意：①要求建立统一的生产指挥系统，进行计划、组织与控制；②必须做好建立和贯彻各项合理的规章制度的基础工作，如工艺规程、设备维护和修理规程、安全技术规程及岗位责任制等；③要建立和实行质量标准、各项定额等；④要加强信息管理，做好各项原始记录的整理、加工和分析工作；⑤要运用系统论、计算机辅助管理等。

人的素质是能否实现科学管理的关键。现代化生产对人的素质要求越来越高，这就要求企业从实际出发，加大对职工教育和培训的力度。职工思想、文化、技术素质提高之后，运用现代化科学方法、工具、手段的自觉性才会增强，这是企业生产管理的实质所在。

4. 均衡生产原则

均衡生产是指产品在生产过程中，按照生产计划的进度，每一个生产环节和每一道工序在同样的时间里完成相等的或递增的工作任务，均衡地生产产品或完成工作任务。在市场经济条件下，生产必须适应市场需求和满足用户的要求，具体体现在增加产品品种，提高产品质量，降低成本，按期交货等方面。均衡生产原则是企业在激烈的市场竞争中为求得生存和发展所必须遵守的原则。但是从生产管理来看，企业又希望品种少，批量大，生产条件稳定，这样不仅可以采用专用的生产设备和工艺装备，提高企业生产效率，还便于生产管理。所以，要解决这对矛盾，就要把外部环境要求的"变"同生产要求的"定"有机地统一起来，采取有效措施，增强适应性和灵活性，实现均衡生产。组织均衡生产是现代化生产的客观需要，对于充分挖掘生产潜力，建立正常生产秩序，全面提高经济效益，有着十分重要的作用。不仅如此，均衡生产还有助于纠正一般企业在生产上前松后紧、忙乱突击的普遍现象。均衡生产不仅适用于大批量生产，对于成批或单件小批生产也有同样的作用。对品种多、批量小的生产，更需要提高生产管理水平，协调各个环节，组织均衡发展。

5. 标准化原则

标准化原则是现代化大生产的要求。现代化大生产是由许多人共同进行的协作劳动，采用复杂的技术装备和工艺流程，有的是在高速、高温下操作，为了协调地进行生产活动，确保产品质量和安全生产，必须服从生产中的统一意志，严格地按照规定的作业流程、技术方法、质量标准和规章制度办事，克服主观随意性。规范化、标准化是科学管理的要求，现场管理有很多属于重复性的工作，如领料投料，交检入库，巡回检查，申请报废，交接班等，这些工作都可以通过调查研究，采用科学方法，制定标准的作业方法和业务工作流程作为今后处理同类常规工作的依据，从而实现规范化、标准化管理。

以上所述生产管理五原则，它们之间相互联系、相互促进，共同贯彻于生产管理过程中。

第二节　现代企业应用实例

企业生产最关键的是对产品生产过程进行监管，主要包括生产管理及过程优化，组织优化，生产管理体系建设等。生产理念主要根植于企业的生产文化、管理文化，其最终目的是降低生产成本，提高生产效率，满足客户需求，不断追求卓越。

一、生产部经理岗位职责

生产部经理负责全面主持本部的管理工作。其直接上级为总经理，直接下属为基础组、复合组、装卸组、维修组及各生产班组。

（一）主要职责

在总经理领导下，生产部经理负责主持本部的全面工作，根据订单情况组织生产部全体员工、协调各部门共同完成生产工作，有效控制生产成本，对设备和生产工作者进行有效的监督和管理，对各生产线的生产工作进行协调、调度与监督，保证生产的顺利进行。

（二）工作范围

1. 安全作业

（1）严格执行生产安全管理制度，确保人身的安全和设备的正常运转。

（2）指导相关操作人员对设备进行安全、经济的操作，严格禁止野蛮操作。

（3）定期组织对各类供配电设施、机器、压力容器进行检查和校验，确保其安全、正常地运转。

（4）及时发现各类安全隐患，及时处理生产中的安全事故，并及时向总经理汇报。

（5）定期对员工进行安全生产的教育和培训。

2. 生产工作

（1）根据订单情况制定各车间每天的生产计划任务。

（2）按照下达到各车间和班组的工作任务和生产计划进行监督，指导生产，及时安排、处置各类突发事件，协调生产过程中的各项工作，确保生产工作保质保量顺利完成。

（3）生产部门内部人员日常工作的安排、分配及工作情况监督，协调生产部人员完成各项工作。

（4）定期召开生产人员或生产各班组长的协调会，协助其完成工作任务和生产任务。

3. 生产数据的统计、分析与总结

（1）监督各生产车间对基础数据的采集。

（2）统计每班、日、周、月、季度、半年、年等的生产数据，及时分析、总结，用于指导生产工作。

（3）统计分析生产中的各项消耗与损耗，如人工费、修理费、电费等，有效降低损耗，控制生产成本消耗。

4. 设备管理

（1）根据实际情况编制设备管理的管理制度，如生产设备管理制度、生产设备保养与检修制度等，并严格监督执行。

（2）督促相关人员建立生产设备管理档案，定期检查现有生产设备情况。

（3）制定生产设备的大、中修计划，并监督执行。

（4）对生产设备进行统一管理，经常对设备进行检查，组织、指导、监督维修人员工作，使其提高工作质量和工作效率。

（5）负责做好生产设备日常维护检修工作，并合理安排设备检修时间。

5. 日常工作

（1）严格执行公司的各项规章制度，做到奖罚有度。

（2）管理生产部的全面工作，组织并监督生产部人员全面完成职责范围内的各项工作，贯彻落实生产部各岗位职责。

（3）根据公司的发展战略规划，对车间生产设备的生产能力和生产工艺进行创新改造，以保证未来的生产需要。

（4）及时学习、补充生产技术能力，解决生产过程中的技术难题。

（5）多方收集生产技术资料，增强生产技术作业能力。

（6）与员工经常沟通，掌握其心理动态，对员工提出的合理化建议加以分析、论证。

（7）组织对生产部员工实施绩效考核工作。培养员工的主观能动性，增强其主人翁责任感，激励员工的进取心，培养、选拔优秀人才，经常组织员工培训，加强员工生产技能、提高员工工作效率。

（8）对下级工作中的争议做出合理的裁决。

（9）接受客户或公司其他部门对生产部员工的投诉，调查后及时处理。

（10）及时、准确传达上级指示，完成公司领导委托交办的其他工作。

（三）管理权限

（1）行使对公司生产的指挥、指导、协调、监督、管理的权力，承担执行公司规程及工作指令的义务。

（2）有权对各生产部门和为生产服务部门下达完成或配合完成生产计划方面的调度命令，并进行督促、检查和考核。

（3）根据生产现场需要，有权召开有关部门负责人紧急会议。对本部工人的调动、任用、绩效考核调整、奖励或处罚经上报总经理批准有决定权。

（4）对生产用动力设备有指挥、协调、调配权，并对生产中出现的异常情况有临时处置权，事后应及时向总经理汇报。

（5）工厂某生产车间放假时有安排员工值班的权利。

（6）有权要求仓库等部门大力配合本部门的工作，如需要每天的原材料日报表、成品板的库存日报表、统计报表等。

（7）对本部内有不服从工作安排、长期不能胜任本职工作、劳动纪律差等现象的员工，可上报总经理和执行董事批准后有辞退或开除权。

二、电子产品生产企业安全生产操作规范（摘选）

（一）机械加工车间安全操作规范

（1）检查所用设备必须完好、可靠才能开始工作。禁止使用不符合安全要求的设备和工具，并严格遵守常用安全生产操作规程。

（2）开动设备，应先检查防护装置，紧固螺钉及电、油、气等动力开关是否完好，并空载试车检验，方可投入工作。操作时应严格遵守所用设备的安全生产操作规程。

（3）设备上的电气线路、器件及电动工具若发生故障，应交电工修理，自己不得拆卸，不准自己动手铺设线路和安装临时电源。

（4）设备接通电源后，禁止触摸控制盘、变压器、电机及带有高压接线端子的部位或用湿手触摸开关。设备开动后要站在安全位置上，避开设备运动部位和铁屑飞溅。按动设备控制键时用力应适度，不得用力拍打键盘和显示器。

（5）安装设备要留有足够的操作空间，以免工作中发生危险。

（6）工作地面应保持洁净干燥，防止水或油污使地面打滑而造成危险，防止铁屑划伤。

（7）床头、刀架、床面不得放置工具、量具或其他物品。接近设备的器具应结实牢固，防止物件从台面上滑下伤人。

（8）操作中确需两人以上工作时，应协调一致，有主有从，在设备或人员未发出规定信号之前，禁止下一步骤的操作。

（9）应切断电源再进行设备检修。检修时，应使用适宜的电气元器件，禁止超限使用，以防造成电气火灾。

（10）保持机床清洁，不要弄脏、刮伤和弄掉安全警示牌。如字迹、图案模糊不清或遗失，应及时补充和更换。

（二）机械装配车间安全生产操作规范

（1）严格按照钳工、装配工常用工具和设备安全生产操作规程进行操作。

（2）操作人员必须熟悉设备性能，经过操作技术培训，考试合格后，方能上岗操作。

（3）按照公司定制管理要求，将要装配的零部件有秩序地放在零件存放架或装配工位上。

（4）按照装配工艺文件要求安装零部件并进行测量。

（5）设备上的电气线路、器件及电动工具发生故障，应交由电工修理，自己不得拆卸，不准自己动手铺设线路和安装临时电源。

（6）工作中注意周围人员及自身安全，防止因挥动工具、工具脱落、工件及铁屑飞溅造成伤害。

（7）进行台钻作业、砂轮机作业、微型车床作业时，严禁戴手套，工件应压紧，不得用手拿工件进行钻、磨、扩孔等。

（8）工作完毕或因故离开工作岗位，必须将设备和工具的电源断开。工作完毕，必须清理工作场地，将工具和零件整齐地摆放在指定的位置上。

（三）电气组装调试车间安全生产规范

（1）严格执行公司的定制管理制度，工作台仪器、调试工具等摆放整齐，保持个人座位周围及地面的环境整洁。

（2）调试人员试验结束时，应立即关闭电源，严禁试验时人员离开现场。

（3）对出现故障的仪器，应首先切断仪器的供电电源后再进行故障排除。

（4）爱护和维护好消防设施，不得随意移动消防器材。

（5）使用绝缘电阻表及耐压仪对仪器进行绝缘和耐压测试时，必须严格遵守其操作规程。进行耐压试验装置的仪器外壳必须接地，因故暂停或结束试验，应先退出试验。

（6）电气设备的金属外壳，必须接地或接零。同一设备可做接地和接零，但同一供电网不允许有的接地有的接零。

（7）组装仪器所用导线及熔丝，其容量大小必须合乎规定标准，不得随意改变其容量大小。

（8）严格禁止用湿手去合电闸或拉电闸，避免触电。

（9）进行有毒、有刺激性、有腐蚀性化学品试验时，应做好防护措施，并严格按照试验安全生产操作规程进行操作。

第三节　经典案例

重庆长安汽车股份有限公司（以下简称长安公司）是我国汽车四大集团阵营企业，拥有 158 年历史底蕴、36 年造车积累，全球有 16 个生产基地、35 个整车及发动机工厂。2014 年，长安系汽车产销累计突破 1000 万辆，2016 年，长安汽车年销量突破 300 万辆，截至 2019 年 11 月，长安系汽车用户累计突破 1800 万，领跑我国品牌汽车。长安汽车始终打造世界一流的研发实力，连续 5 届 10 年居我国汽车行业第一。其拥有来自全球 24 个国家的工程技术人员 1.2 万人，其中高级专家近 600 余人，居我国汽车行业前列；分别在我国重庆、北京、河北、安徽，意大利都灵、日本横滨、英国伯明翰、美国底特律和德国慕尼黑建立起"六国九地"各有侧重的全球协同研发格局；拥有专业的汽车研发流程体系和试验验证体系，确保每一款产品满足用户使用 10 年或 26 万公里。公司汽车及发动机系列产品的设计、开发、生产、服务体系获 ISO 9001、QS 9000 质量体系认证。此外，公司审时度势积极进军高科技领域，以信息化改造传统产业，成功实施了企业资源计划（ERP）、客户关系管理（CRM）、产品数据管理（PDM）等信息化系统。现在，长安公司正在推进长安精益生产管理体系（精益生产）。长安公司在生产管理的组织机构设置上采取三级管理方式。公司层面由经济运行部负责生产、采购、物流和安全、消防管理，对子公司和各工厂进行管理；各子公司和工厂设立生产处或制造部对各车间进行管理；各车间直接对班组进行生产管理。

一、实施精益生产的目的及必要性

2019 年，我国汽车市场已由高速增长阶段向高质量发展阶段转型。但在这之前，我国汽车消费市场仍处于初级阶段，用户的消费心态还不成熟，市场规律的变化非常复杂，销售预测的准确性不高，生产组织中的不确定因素日益突出，产品正朝多品种、小批量方向发展。

众所周知，企业经营的目的是向社会提供产品和服务，并以此来为企业创造利润。而利润的高低取决于投入和有效产出的比例，即生产效率。这里的有效产出是指被顾客或社会所认可和接受的产品或服务。在制造企业中，班组是使产品增值的基本单元，生产一线是提高生产效率的主战场，所以生产管理方式是提高生产效率的关键所在。对于企业来说，提高生产效率只有以下三种途径：①投入不变，产出增加；②产出不变，投入减少；③投入减少，产出增加。

第三种途径显然是最理想的，同时难度也是最大的。但是，市场竞争的结果最终将导致第一种和第二种途径的失效，从而使企业的经营状况步入低谷。近几年国外汽车巨头全面进入我国，长安公司要想在与不同重量级对手的激烈竞争中生存下来，就必须采用第三种途径。而精益生产方式可以实现第三种途径。所以说，长安公司必须通过实施精益生产方式来提高企业的生产效率，消除一切浪费，从而提高企业的生存能力和市场竞争能力。

长安公司认为，汽车行业的竞争态势是一个快鱼吃慢鱼的生存哲学，只有不断提高企业的管理水平，才能使企业在竞争日益激烈的市场经济舞台上立于不败之地，而提高国企管理水平的关键是选择何种管理模式。起源于长安公司的精益生产方式是长安人几十年管理经验的总结，是应对能源危机、战胜竞争对手的有力武器，推行精益生产方式，有利于不断提高长安公司产品竞争能力和市场适应能力。通过对长安公司目前生产运营方面的困难和精益生产理念的分析，长安公司实施精益生产的必要性表现在以下三方面。

1. 长安公司在生产运营方面的困难

（1）零部件产品质量不稳定，一致性不理想。这是生产组织中起制约作用的关键因素，生产过程的稳定性达不到期望的效果。

（2）工艺设备缺陷和设备管理理念落后造成的生产能力缺陷和能力带宽的瓶颈，严重影响了生产的均衡性。

（3）零部件物流节奏与节拍计划的兼容性差，物流结构与产品流水结构不同步，造成了经常性的停工待料。

（4）物流水平、存储水平、组织协调能力落后造成的高库存、低效率和浪费突出。

长安公司生产运营方面的这些困难不仅使企业在与国内汽车制造企业竞争中处于不利地位，还面临国外汽车巨头对我国汽车行业大肆进军造成的生存威胁，长安公司要解决这些困难，推行精益生产是十分必要的。

2. 精益生产理念是解决长安公司管理问题的"对症良药"

精益生产的准时化和自动化为解决长安公司生产中存在的效率、质量等问题提供了一条出路。以准时化的要求实现现场效率提高，拉动整体组织效能的改善以不断完善自锄化约束，充分暴露问题，有效促进质量问题的解决。长安公司的批次、批量、品种计划变动频繁造成物流组织成本高、难度大，如果采用精益生产方式中的物流方案，以拉动式原则实现准时化生产，就能有效避免生产过程中的混乱。精益生产强调物流要配货上线，打破一种工位器具只存放一种零件的观念，对于改变长安公司相对落后的粗放式供货方式，提高生产管理效率大有裨益。同时，精益生产强调实行标准作业，通过编制标准作业指导书，减少无效劳动，减轻工人负荷，提高工作效率。这些工作有效解决了长安公司目前现场操作中，由于缺乏指导而重复出现的装配质量问题。

3. 精益生产强调目视化管理

精益生产强调目视化管理，帮助管理者和操作者对生产现状一目了然，提高工作效率，及时纠正现场出现的问题。目视化管理，不是追求形式化，而是管理者提高生产组织管理效率的手段和工具，可以解决长安公司提升现场管理水平与提高操作效率互相制约的怪圈式问题。因此，实施精益生产方式是解决当前长安公司管理和生产中存在的各种疑难杂症的良药，是长安公司提高生产效率，消除各种浪费和提高整个公司竞争力的必经之路。

二、精益生产推进方式

长安公司精益生产的推进细化为精益生产体系 12 个要素的分别推进，每一个要素的推进均按照员工培训、样板先行和全面推广三个阶段进行。

不管是在一个班组，还是一个车间或者一个工厂，推进精益生产，首先都要花大量的时间对各级员工进行分类培训，这是确保成功的关键。员工对于任何一项管理工作的推进，关心的都只有三个内容：一是让干什么，二是该怎么干，三是要达到什么标准。这些内容都必须通过各种各样的培训活动来逐步强化员工对精益生产体系推进活动的认识。其次，还必须克服团体的畏难情绪，采取样板先行的方式进行试点，样板的作用是示范、宣传、经验总结及借鉴，避免一旦出现问题而殃及全局的情况。最后，时机成熟了，再进行全面推广。只有采取由点及面、由粗到细的方式，才能确保精益生产真正做到不走过场。

另外，12 个要素的推进不是相对独立的，它们是有关联的，互为影响的。虽然各要素的推进工作是由不同的公司级要素协调员及不同的跨部门小组来负责完成的，但是如果在推进过程中要素间出现了交叉，也必须通过定期会议形式，把问题上交到公司精益生产办公室和各精益生产专责组来进行协调，以寻求相关职能部门的支持。

三、精益生产实施效果

精益生产方式推进活动自 2005 年 4 月开始正式进入试运行阶段。下面是对精益生产推进活动前期方面工作的进展情况和推进的总体效果的一个总结。

（1）在组织机构建设上，公司层面按业务归口管理的原则以五个专责组的形式开展工作，工厂层面重点以矩阵式立体化实施队伍为保障。这两个层面的组织机构确保了推进精益生产活动的实施工作能够逐级展开，层层推进。

（2）在营造精益生产推进活动舆论导向氛围上，宣传工作主要有三个特点：一是充分利用公司现有的所有宣传手段，多管齐下；二是宣传内容密集，知识丰富；三是面向公司全体员工，宣传面广。

（3）在知识培训工作上，由于体系内容非常庞大，包含了 12 个要素管理模块，而且精益生产管理工具和管理指标也相当丰富，所以非常重视培训工作，共举办培训班81 期，累计 3682 人次参加了为期三个多月的系统培训。

（4）在搭建运行体系架构上，主要搭建了硬件和软件两个平台，这里所说的软件主要指管理。

下面详细介绍一下硬件平台和软件平台。

1. 硬件平台

硬件平台主要包括在长安综合信息网上开设专栏网站，完成了看板的设计、招标、制作，完成了数据采集系统建设等工作，及时搭建这些硬件平台确保了试运行工作得以全面展开。

2. 软件平台

软件平台主要包括五方面的内容。

（1）流程。对于业务流程的处理主要采取了三种方式：一是对单纯的流程采取由上至下的方式，由公司统一下发标准［如《精益生产文件的编写及编号》《精益生产服务器管理办法》《精益生产报表管理办法》等］，促进精益生产推进活动整体工作有序进行。二是对复杂但不交叉的流程，先由下至上，再由上至下，即各工厂、车间先根据福特生产系统（FPS）的标准和流程建立自己的标准和流程，报工厂、公司统一完善，归纳后再形成公司一套整体的业务流程和相应的规范，如企业资源计划物料清单（ERP-BOM）维护流程、服务质量（QOS）系列流程。三是对复杂且交叉的流程，先由上至下，再由下至上，再由上至下这样几次循环进行确定。例如，新品开发及新产品试装系列流程和物流管理系列流程，目前已经几上几下进行了搜集、归纳、征求意见和修改完善等工作，一旦确认没有问题就下发执行。

（2）标准。精益生产的五个专责组分别与工厂各业务归口管理部门人员、各车间业务主管人员多次对接，完成了能源、设备、质量、物流、成本、安全、环境等内容新、旧报表的整合，详细地制定了看板和服务器中 80 多个报表、检查考核表格的具体表样、版本号、编号及要素分类标准，明确了填报方法和数据来源。这样既保证了精益生产符合长安公司的管理实际情况，又保证了精益生产各项基础管理报表有了统一的格式。

（3）计划。精益生产各要素推进重点工作内容，结合长安公司管理现状，公司制定了公司 2005 年精益生产推行工作的主体计划，针对精益生产的 12 个要素制定了 75 项重点工作内容，明确了详细的时间节点、具体的负责单位和责任人，并严格按照既定计划推进各个要素重点工作，严格按照既定的时间节点进行检查和考核。

（4）指标。为了提高精益生产相关指标的可操作性和实用性，办公室和各专责组一起，花费了近一个多月的时间先后多次与公司各职能部门、各工厂机关处室相应的业务主管人员和领导进行充分的沟通和对接，统一了试运行 57 项指标的统计口径。自 2005 年 4 月精益生产管理体系推行开始，到 2005 年年末，来自各个工厂生产环节的各种精益生产管理体系防错、快速转换、安全、环境等方面的改善案例，不仅为员工提供了安全清洁的生产环境，还为各工厂节约资金共计 2000 余万元。可见，公司已经迈出了精益生产管理体系降耗增效的第一步，为低成本战略在制造环节取得实效做好了扎实的基础工作。

（5）考核。精益生产考核体系建设，重点考虑了两方面的考核内容，一是对精益生产推进活动效果进行考核，考核要点 25 条；二是对数据的真实性、准确性进行考核，考核要点 13 条。这两种考核都是按月评价，汇总在一起以《精益生产推进活动月评价考核通报》的形式进行公布，奖优惩劣，促进精益生产推进活动的良性发展。

总体来讲，通过狠抓上述各项工作，精益生产推进活动已经初步取得了三个方面的效果：一是成功搭建了一套完整、系统的精益生产管理体系，精益生产的 12 个要素模块基本覆盖了生产，以及与生产紧密相关的开发、质量、物流等各个管理环节，对这几个影响制造成本的关键环节的管理资源（流程、标准、制度）进行了系统的集成；二是成功搭建了一套科学、实用的管理指标体系，通过这些指标，可以实现对生产各相关管理环节的人、机、料等各种资源消耗情况进行有效的监控；三是成功地实现了考核目标化，虽然精益生产推进活动在二季度属试运行阶段，但长安仍然通过模拟考核实现了考核工作的目标化，数据准确率也在稳步提高。

【思考与练习】

（1）长安公司精益生产的主要途径是什么？

（2）你认为我国企业在实施精益生产方面主要存在哪些方面的障碍？

（3）你的企业如果采用精益生产，应该怎么做？

第三章　营销项目管理与实践

第一节　营销项目管理基础

一、营销项目管理概述

（一）营销项目管理的含义

进入 21 世纪以来，全球经济一体化日益突出，消费者开始对企业的营销活动产生重大影响，各国封闭的市场逐步走向开放，分割的局部市场逐渐走向统一。这一切都是在呼唤新的营销观念、营销方式和营销技术的出现。

以目标导向的价值观指导企业的经营管理活动的理念应运而生，而营销项目管理方法正符合这种理念，因此越来越多的行业开启广泛应用营销项目管理方法来管理企业的经营活动。在现代市场营销理念指导下，企业的营销活动要与复杂多变的营销环境相适应，全方位地使顾客满意，并通过满足需求来实现企业的营销目标。为此，在这个阶段，营销项目管理的应用领域进一步扩大，在新兴行业中得到了迅速发展，甚至逐渐应用于企业日常管理活动的实践，如企业的市场营销活动等。

（二）营销项目管理的作用

企业营销活动需要实施营销项目管理，应正确分析市场机会，选择目标市场，制定切实可行的营销项目计划，设计相适应的营销项目发展模式。营销项目管理是为企业的销售战略目标服务的，如阶段性的利润计划、目标市场的销售额及市场占有率等。传统的营销项目管理仅仅专注于项目的执行，而目前营销项目管理正经历着巨大的变革，其理念越来越多地应用于企业运营的各个方面，包括战略管理、市场管理、质量管理、人力资源管理、运营管理等领域。更为重要的是，这些领域不是孤立的，而是彼此关联和互动的。因此，整个营销管理过程需要既系统又具体，具备较强的可操作性，从而达到提高营销管理效率的目的。

（三）营销项目管理的特点

（1）营销项目管理在本质上需要企业全员参与，强调团队精神，讲求沟通与合作，需要将营销项目管理的理念融入企业文化之中。

（2）营销项目管理是项目管理职能与营销管理职能的有机融合。

（3）营销项目管理的开展不仅要符合单个营销项目的目标，还要符合企业整体的营销管理战略。

（4）营销项目管理要求企业的所有职能部门都必须以市场为导向，以满足客户需求为宗旨，围绕着同一目标协同工作。

（5）营销项目管理是一个持续不断的过程，通过给定标准与现有项目进展进行比较不断提升管理绩效。

（四）营销项目管理的意义

营销项目管理是促使项目成功、有效的管理模式，是一种人们有意识地按照项目的特点和规律对项目进行组织、管理的活动，已被世界上众多国家证明是一种成功的管理模式。我国从国外吸取其中成熟的内容和先进的方法，遵循国际惯例，并从我国的实际出发，形成了能充分体现中国特色的营销项目管理模式等内容。

二、营销策略与营销风险

（一）营销策略概述

1. 营销策略的含义

营销策略是指企业以顾客需要为出发点，根据经验获得顾客需求量及购买力的信息和商业界的期望值，有计划地组织各项经营活动，通过相互协调一致的产品策略、价格策略、渠道策略和促销策略，为顾客提供满意的商品和服务而实现企业目标的过程。

2. 4P 营销策略组合理论

1960 年，美国市场营销专家麦卡锡教授在营销实践的基础上，提出了著名的 4P 营销策略组合理论（图 3-1-1），即产品（Product）、价格（Price）、渠道（Place）、促销（Promotion）。4P 是营销策略组合的简称，奠定了营销策略组合在市场营销理论中的重要地位，为企业实现营销目标提供了最优手段，即最佳综合性营销活动，也称整体市场营销。

从 4P 营销策略组合理论得出，一般情况下，其不仅受企业本身资源及目标的影响，还受企业外部不可控因素的影响和制约。一般市场营销理论只看到外部环境对市场营销活动的影响和制约，而忽视了企业经营活动也可以影响外部环境，克服一般营销观念的局限，大市场营销策略应运而生。

图 3-1-1　4P 营销策略组合理论

3. 大市场营销策略

美国著名市场营销学家菲利浦·科特勒教授提出了大市场营销策略，在原组合的基础上增加两个，即权力（political power）和公共关系（public relations），简称6P。1986 年 6 月，美国著名市场营销学家菲利浦·科特勒教授又提出了 11P 营销理念，即在大营销 6P 之外加上探查（probe）、分割（partition）、优先（priorition）、定位（position）和人（people），并将产品、定价、渠道、促销称为"战术 4P"，将探查、分割、优先、定位称为"战略 4P"。该理论认为，企业在"战术 4P"和"战略 4P"的支撑下，运用政治权力和公共关系这 2P 可以排除通往目标市场的各种障碍。

（二）营销风险概述

1. 营销风险的含义

所谓营销风险，是指在企业营销过程中由于各种事先无法预料的不确定因素，使企业营销的实际收益与预期收益发生一定的偏差。营销风险强调风险的主体是市场营销活动的参与者——企业；其损失是违背市场规律或由于自身失误所遭受的惩罚，主要指经济利益的减少或损失；其风险大多起因于市场营销活动或与之有关的方面，风险条件是营销主体的营销行为所引发的不确定事故。营销风险的大小本质上取决于营销事故发生的概率（损失概率）及其发生后果的严重性（损失程度）。

2. 营销风险的本质

营销风险与营销风险因素、营销风险事故、营销风险损失密切相关，它们构成了风险存在与否的基本条件。要真正领会营销风险的本质，就必须理清这三个概念及其相互联系。

（1）营销风险因素。营销风险因素是指促使或引起营销风险事故发生的条件，以及营销风险事故发生时，致使损失增加、范围扩大的条件。营销风险因素是营销风险事故发生的潜在原因，是造成损失的间接和内在的原因。对营销风险因素的寻找过程是营销风险识别的关键，如国家调整房地产经济政策对商品房营销风险而言是风险因素，营销人员的业务素质和责任心对货款损失而言也是风险因素。

（2）营销风险事故。营销风险事故是指引起营销风险损失的直接或外在的原因，是使营销风险造成营销损失由可能转化为现实的媒介，也就是说营销风险是通过营销风险事故的发生来导致营销损失的。例如，产品滞销、货款呆坏等都是营销风险事故。

（3）营销风险损失。营销风险损失是指企业在营销过程中，由于企业环境（包括宏观环境和微观环境）复杂性、多变性和不确定性以及企业对环境认知能力的有限性使企业制定的营销战略和策略与市场发展变化的不协调，从而可能导致营销活动受阻、失败、达不到预期营销的目标或使经济价值减少等企业承受的各种风险。这里有两个要素：一是经济价值减少，强调的是能以货币衡量；二是非故意、非计划和非预期，如折旧、馈赠虽然都满足第一个要素，但不满足第二个要素，因为它们都属于计划或预期中的经济价值减少，故不是这里所定义的营销风险损失。营销风险损失分为实质损失、收入损失、费用损失和责任损失四种。例如，某工厂生产设备损坏一台，此属实质损失；由于设备损坏无法正常生产，又形成收入损失；而无法正常生产导致客户无法如期取货，产生了违约责任，此为责任损失；另外，设备损坏必须修理或重置，会增加支出，此谓费用损失。

对于营销风险因素、营销风险事故、营销风险损失三者关系，值得注意的是，同一事件，在一定条件下是造成营销损失的直接原因，则它是营销风险事故；而在其他条件下，则可能是造成营销风险损失的间接原因，于是它成为营销风险因素。

3.营销风险的特点

营销风险的特点可以概括为以下四点：

（1）客观性。营销风险是由客观存在的自然因素和社会经济因素所引起的，如自然资源的有限性、商品的自然性损害变质等，是自然界运动的表现形式。自然界的运动是由其运动规律所决定的，而这种规律是独立于人的主观意识之外而存在的。人们只能发现、认识和利用这种规律，而不能改变它。另外，营销宏观环境的变化，诸如社会需求观念的变化、科学和技术的进步、政策法律的出台等，是受社会发展规律支配的，人们可以认识和掌握这种规律，预防意外事故，减少其损失，但终究不能完全消除。因此，营销风险具有客观存在性。人们只能在一定的范围改变营销风险形成和发展的条件，降低营销风险事故发生的概率，减少损失程度，而不能（事实上绝不可能）彻底消灭营销风险。

（2）偶然性。营销风险是一种客观存在，从全社会看，营销风险事故的发生是必然的。然而，对特定的个体来说，营销风险事故的发生是偶然的，这就是营销风险的偶然性。这种偶然性是由营销风险事故的随机性决定的，表现出种种不确定性。其一，营销风险事故发生与否不确定。例如，就全社会而言，产品会面临市场淘汰，这使企业面临产品被淘汰的风险，但具体到某一企业，则就未必了。其二，营销风险事故何时发生不确定。众多周知，营销失误不可避免，但对每一个人而言，什么时候失误，一般来说是无法预知的。其三，营销风险事故将会怎样发生、其损失多大，也是不确定的。例如，很多企业会发生货款拖欠问题，但就特定企业而言，货款拖欠在什么时候发生，发生多少拖欠，由哪家企业拖欠，由什么原因造成拖欠等都是不确定的。

（3）可变性。世间万物都处于运动、变化之中，风险更是如此，风险的变化，有量的增减，也有质的改变，还有旧风险的消亡与新风险的产生。营销风险的变化，主要是由营销风险因素的变化引起的。例如，随着人类社会的进步和科学技术的发展，人们认识自然、改造自然、征服自然的能力不断增强，从而抵抗各种风险事故的能力不断增强。对于某些营销风险，由于其存在和发生的规律已逐渐为企业所把握，企业预测风险的能力增强，并能采取种种手段控制或消除营销风险的存在、发生的因素，从而可以减少或消除营销风险给人们带来的损失和忧虑。例如，在营销活动中，由于有欺骗的风险，人们采用信用证制度就可大大降低营销风险发生。因此，营销风险不是一成不变的，旧的风险消失了，新的风险产生了，伴随着现代技术产生的风险，其风险发生的破坏性更大。

（4）投机性。营销风险多数是投机风险，既存在损失可能性，又存在获利可能性，这是营销风险最大的特征。这一风险种类的管理主要依靠人们的管理水平来控制，关键是抓住机会。另外，由于保险技术上的问题无法解决，这种风险多数是不可保风险，因而增加了控制和处理这类风险的难度。例如，2000 年年初，杭州松下家用电器公司对其开发的"龙卷风"牌洗衣机进行 10 亿元保单的"市场风险责任价值"投保，结果我国没有这一险种，因而搁浅。从国际上看，欧美等国家自 1995 年以来有个别保险公司对此有所探索，但此种业务一般保险公司不敢接受。

第二节　现代企业应用实例

企业营销管理的目标是通过系统的科学的方法，对企业营销活动的全部项目进行管理，并将所有项目进行优化的过程，能从根本上促进企业营销活动的发展。

一、营销部经理岗位职责

（一）主要职责

在总经理领导下，营销部经理负责主持本部的全面工作，根据负责所辖区域的市场拓展情况以及销售情况，及时对本部门工作做出调整，并对员工工作进行协调、调度与监督，有效拓展新区域市场业务。

（二）工作范围

（1）在总经理的指导下负责对所辖区域市场进行拓展工作及各种销售方案的具体部署。

（2）直接领导部门所属客户经理，积极组织开展销售工作；主动与各类集团客户、机构等保持联系，随时向他们提供门店的变化情况和产品信息，以吸引顾客前来消费。

（3）负责部门销售计划的制定、修改和实施；主动收集市场信息和客源情况，将销售情况统计分类、归档并提出建设性意见，供总经理参考；对同行业的营销举措要及时收集并汇报，提出相应的对策、建议。

（4）根据总经理的指示和销售计划，确定销售重点，制定具体的销售拓展计划，并认真加以实施，确保销售计划的完成。

（5）制定客户走访计划，组织客户经理有效开展销售活动，认真填写销售报告及各类分析报表，及时向总经理反映有关客户需求、价格策略、促销手段等方面的情况。

（6）不断通过培训更新下属员工的营销观念和销售手段，以适应市场变化的需要（即客户的需要），使客户持续保持忠诚度，并愿意接受门店的服务推荐。

（7）主动协调营销部与门店各部门的关系，并建立联系，使各个工作环节运转顺利，一切以顾客为中心，在公众中树立起人人有敬业精神的群体形象。

（8）汇总当日销售工作记录，每月向总经理报告拜访客户及其他相关业务的开展情况。

（9）参加有关会议，督导下属员工开展工作，建立良好的团队合作精神。

（10）高效完成部门经理交办的其他工作。

二、营销部人员工作规范（摘选）

（一）工作目标

以建立"平等互利、长期合作、共同发展"的新型客户关系为目标，通过规范营销行为，改进服务水平，把握、发掘、创造和满足客户物质需求、安全需求、社交需求、尊重需求和自我实现需求，有效提升客户价值，不断提高客户对产品的满意度、忠诚度和依存度。

（二）工作要素

营销活动中的"市场、品牌、客户"三个要素，这不仅是客户经理需要关注和把握的重点，也是部门员工努力实现行业目标的重要着眼点和落脚点。一是努力营造公平有序、适度竞争的市场环境，加大对区域市场消费特点、消费趋势、环境变化、供求状态的分析和研究；二是关注重点品牌，以品类管理为切入点，提炼关键节点和要素，把握品牌发展状态，增强品牌培育的责任意识、主动意识和创新意识，提高品牌培育工作效率；三是通过客户需求分类，开展客户价值研究，了解和把握客户经营状态，提高终端业务能力和水平，实现终端发展、市场需求与品牌成长之间的最佳配对。

（三）工作步骤

"分析、计划、实施、评估、提升"五个步骤，分层、分类地对各项服务营销工作环节进行全程控制和管理，形成"月计划、周总结、日拜访"操作模式循环往复的持续改进和不断完善标准化服务流程，切实提升服务工作水平和营销工作效率。

第三节　经典案例

一、深圳市大疆创新科技有限公司

（一）民用无人机行业介绍

在全球经济一体化的浪潮下，各国企业为了自身的扩张和利益更大化而将目光从国内市场放大到全球市场。随着"中国制造2025"的提出，我国的制造业进入了全新的发展阶段，智能产品也在研发和制造技术升级的推动下走向国际。无人机结合了智能制造与航空通信技术正是第四代工业革命的代表产物。近年来，随着新闻报道、赛事直播、综艺摄影等领域的无人机应用日渐风靡，民用无人机开始成为广为人知的热门行业，在全球市场创造了数百亿的价值。

无人机行业的核心是无人机产品，是指利用无线电设备远程遥控指挥装置完成任务的飞行器，广义的无人机也涵盖了其相关的服务。一套完整的无人机系统通常需要具备飞行器平台、机载任务设备和地面系统三个组成部分。

无人机行业的发展经历了由军用向民用转化的过程。无线电操控飞行器技术自第一次世界大战期间诞生后，在军事领域得到快速发展。21世纪以后，世界政治环境稳定，经济高速发展，无人机技术也迅速地向民用商业化发展。

（二）大疆创新无人机介绍

大疆创新，创立于 2006 年，是深圳市大疆创新科技有限公司（简称大疆创新）旗下的无人机品牌，后推出小型摄影用无人机，一举打开了民用消费级的市场。2019 年 6 月 11 日，大疆创新入选"2019 福布斯中国最具创新力企业榜"。2019 年 12 月，大疆创新入选 2019 我国品牌强国盛典榜样 100 品牌。2020 年 8 月，大疆创新以 1000 亿元人民币市值位列《苏州高新区·2020 胡润全球独角兽榜》第 14 位。

大疆创新以"The Future of Possible（未来无所不能）"为企业的主要理念，以技术创新为目标，是全球顶尖的无人机和影像系统自主研发制造商，其产品在全球市场占据着重要的地位，在消费级无人机全球市场中更是连续三年占到 70% 以上的份额。大疆创新无人机产品包含直升机飞控、多旋翼飞控、多旋翼飞行平台、专业航拍云台、多旋翼飞行平台等。大疆创新所生产的无人机产品也在不断地创新以适应新行业的使用，提高新用户的体验价值，在国际上广受赞誉。

（三）企业经营现状

在吸纳投资方面，作为一家技术导向型企业，大疆创新的高速发展也得益于资本市场的支持。2013 年 1 月至 2018 年 4 月大疆创新已经成功完成了 6 轮融资。在初创期 2010 年及以前，大疆创新的融资来源主要是来自合伙人的入股，到 2015 年，大疆创新的总融资不到 2 亿美元，来源主要是国际大型风投资本。2018 年 4 月，由于无人机行业数年快速增长，受到资本市场的热捧，大疆创新此时开创性地采用了竞价融资的形式，吸引了数百家大小私募资本参与竞标，最终融到 10 亿美元的注资。

（四）大疆创新现行国际营销策略介绍

1. 产品策略

营销策略中的产品策略，指的是确定企业提供什么样的产品服务组合去满足消费者的某种要求的策略。大疆创新坚持产品以技术创新为立足之本，从飞行控制系统起家，凭借稳定高效的消费级航拍飞行平台为人熟知，并将技术移植到地面增稳设备，实现"天地一体"的拍摄解决方案。大疆创新现已形成了以消费级摄影用无人机为主，行业无人机及无人机辅助工具为配合的完善产业链。

2. 价格策略

价格策略是指企业通过对顾客需求的估量和成本分析，选择一种能吸引顾客、实现企业盈利目标的策略。大疆创新对其产品采用的是差异化定价的策略，即对不同的产品系列采用不同的价格定位，采用这样的定价策略是与其产品多定位策略相适应的，并且能够更大程度地占据市场。值得强调的是，同一系列大疆创新无人机在国内和国外市场的销售价格在除去各国的汇率及税收差异后是基本一致的，也就是说它采用的是国际统一定价模式。

3. 渠道策略

营销策略中的渠道指的是企业将商品和服务转移给消费者过程中所经历的具体通道或路径，它包含了产品生产的渠道以及投放向市场的渠道两个大方面。

在生产渠道上，依托广东广阔的制造业资源，大疆创新有庞大的供应商系统，除了属于技术核心关键的飞控系统外，其他零部件基本都是采购。大疆创新每种代工零件都由数家代工工厂同时提供，保证满足产能灵活变化的需求。

在销售渠道方面，大疆创新主要采用的是三种形式：网络渠道，代理商渠道，实体店渠道。

4. 促销策略

促销策略即是指向消费者传递的各种与本企业及产品相关的刺激消费的各种信息，这些信息能够影响其购买意愿，达到扩大销售的最终目的。常用的促销策略有广告、人员推销、网络营销、营业推广和公共关系。

大疆创新采用的国际促销策略主要有以下三种形式：第一，精准定位的广告投放。大疆创新为了能够打开国际市场，赞助支持了两部美国独立电影，其无人机在《神盾局特工》《摩登家庭》等热播美剧中频频亮相。第二，利用专业的科技智能产品宣传平台。首先大疆创新积极参与无人机行业交流会及展会，其次邀请华尔街日报等主流权威媒体测评与传播，最后大疆创新每款新产品都会在纽约等国际大城市举行媒体发布会。国外发布会在先，国内发布会为辅，这也是近年来智能产品国际化的流行策略。第三，大疆创新的无人机产品在海外市场采取组合折扣的形式促进零售销量，即通过亚马逊等电商平台购买无人机产品时，与配件搭配购买能够获得组合优惠的形式。并且当新产品推出时，旧产品将采取一定降价优惠。

（五）相关政策分析

"中国制造 2025"和《"十三五"国家战略性新兴产业发展规划》中皆鼓励无人机行业的创新发展，加快培育优势无人机企业，2017 年年底国家发展与改革委员会发布文件，明确无人机成为重点发展的 5G 典型应用。一方面，2018 年 5 月民航审定司更新的《民用无人驾驶航空器实名制登记管理规定》，超过 250g 的无人机必须进行实名登记，追责到个人，无人机销售企业必须提供产品序列号并提醒用户注册登记。另一方面，政府正积极引导企业发展数字身份认证、电子围栏、云联网等技术配合监管。而对于快递配送、电力巡查等工业无人机使用方面，政策还是倾向鼓励使用。从政策法规中也可以看出，重型无人机因存在更高的安全隐患因此所受监管更加严格，而250g 以下的无人机政策要求相当宽松。大疆创新积极配合提示用户注册以配合监管，但是政策的趋势是监管加严，其需要更多实质性的行动提升民用无人机的安全性才能最大程度地适应政策。

（六）未来前景

未来无人机应当呈现标准化趋势，即生产元件及各项技术制定标准规范化生产，以保证产品的安全性。在飞行航道方面加强机器学习，更进一步智能化规避和提高抗干扰性，根据空中风险和地面情况能够紧急着陆。在能源方面，未来石墨烯材料等新能源的运用或能大大改善续航水平，并且改进推动技术，使无人机能在小范围起飞。同时，5G 网络通信技术的普及将提升无人机的信息传递质量，能够在更多极端环境应用。根据 2018 全球无人机大会中各企业的交流探索，自动避障、室内视觉定位、GPS跟随、虚拟现实、水空两用几项技术已成为当前无人机企业研究的热门方向。而大疆创新在自动避障方面已拥有多项专利，暂时拥有技术领先优势。

【思考与练习】

（1）浅析新形势下大疆创新成功的原因。

（2）未来数十年，无人机行业新的发展方向是什么？

二、小米科技有限责任公司

（一）"互联网+"发展理念

在 2015 年提出"互联网+"的概念之后，全国大小企业全部投身到这一时代的变革中来，各行业也开始出现转型成功的代表企业。随着互联网在飞快发展和广泛普及，网民基数不断增加，网民的特质结构也在产生相应的变化。"互联网+"国家策略的提出，使其与传统行业融合已成为一种新的发展趋势，同时也成为企业发展面临的新机遇和新挑战。

（二）互联网思维创新策略

互联网思维给企业带来了越来越多的便利。最早提出这个名词的是百度公司的创始人、董事长兼首席执行官李彦宏，他说："企业家要有互联网思维，也许你从事的行业和互联网无关但是你要从互联网的角度去思考问题"。

"互联网+"已经渗透进各个行业，互联网、移动互联网的到来，改变了人们的生活方式。为适应人们日益更新的产品需求、服务需求和创新需求，传统行业不得不向"互联网+行业"转型。在互联网的背景下，对企业营销影响最为深远的总结为以下几种新思维：

（1）用户思维。利用新媒体，让用户参与到企业发展、产品设计及其企业运营之中，为企业树立良好的口碑，使企业立于不败之地。

（2）大数据思维。网络让数据的获取更加便捷，因此企业可以通过大数据技术，对用户的消费行为、消费习惯、消费心理特征等数据进行精准分析，通过定量思维、联系思维和尝试思维帮助企业尝试不同的策略方针，指导企业策略调整，提升用户体验。

（3）互动思维。网络端的双向互通能够为企业带来全新的面貌，让企业可以看到用户内心的想法，每个人都有属于自己的不同观点和意见。

（4）产品思维。在互联网时代，所有的产品都必须关注产品动机、产品定位和产品迭代，同时对互联网产品意识要有新的认识。

（5）品牌思维。新媒体时代的品牌营销更加注重分享，互联网时代的消费者已经从传统的信息接收者转变成信息的生产者和传播者，微信、微博、社区等营销手段的兴起，为消费者提供了信息分享平台。

（三）小米公司简介

小米科技有限责任公司（简称小米公司）正式成立于 2010 年 4 月，是一家专注于智能手机自主研发的移动互联网公司，定位于高性能发烧手机。首创了用互联网模式开发手机操作系统，发烧友参与开发改进的模式。

2018 年 7 月，工业和信息化部向与我国联合网络通信集团有限公司首批签约的 15 家企业发放了经营许可证，批准其经营移动通信转售业务，其中便包括小米公司。2018 年 7 月 9 日，正式登陆香港交易所主板。2020 年 5 月 13 日，作为第一批倡议方，与国家发展与改革委员会等部门发起"数字化转型伙伴行动"倡议。

（四）小米手机营销策略分析

1. 产品策略

（1）用户参与系统改进。在国产化安卓定制系统方面，MIUI 一直遵循加法原理，按照用户需求，通过每周的系统迭代形成系统的持续改进。事实上，参与其中的是许多手机重度玩家，许多人参与系统内测的同时，提出多数改进性意见，这使得 MIUI 系统保持领先的功能。

（2）产品多元化。2015 年的小米公司整体机型数量与 2014 年比较增加两倍，2016 年与 2015 年比较差不多又增加一倍。

2. 定价策略

小米公司一直采用低价策略来迎合消费者。随着小米手机的发展，逐渐推出红米系列更低价格的手机，以满足对手机要求不高的人群。但由于市场占有率的下滑，一直主推低价策略的小米手机，逐渐推出价格更低的红米 A 系列手机，以及价格更高的小米 Note 系列手机，价位从 500 元到 4000 元不等。

3. 渠道分析

小米公司采用"线上分销＋线下实体店"的模式，开始仅在线上商城进行销售，线上的促销方法更加灵活。2016 年年初开始通过实体店销售智能手机，以更好地提高手机销量。

4.营销促销方式

小米公司将线上的社交场合以及互动交流发挥到极致，首先建立企业自明星，将企业骨干员工打造成一支有力的促销队伍，借助线上社交场合进行互动和交流。为此小米公司专门收购黑金直播平台，将其打造为自己的文化宣传窗口。其次，小米公司激励自己的忠诚客户，使得他们无论在线上还是在线下，都成为品牌的传教士。他们会主动地、自觉地、实时免费地在自己的社交圈子发展顾客。

（五）未来发展前景及展望

"互联网+"的发展给企业营销的实现提供了创新可能。未来，随着技术的改革，"互联网+"势必成为市场营销的一条途径。营销方式会朝向更多元的方向发展。"互联网+"时代的到来给企业营销带来了新的机遇，同时也给营销体系带来了新的挑战。在这样高速发展的信息时代，企业营销要立足于互联网的技术基础之上，结合当下热点，不断寻求新的突破和创新，才能够顺应时代潮流取得更进一步的发展。

【思考与练习】

（1）简述新形势下小米公司成功的原因。

（2）简述企业开展差异化营销的必要性。

第四章 人力资源项目管理与实践

第一节 人力资源项目管理基础

从古至今，人力资源（Human Resources，HR）都是十分重要的。无论是以前的帝王争霸还是现在的企业竞争，归根到底都是人才的竞争，因此应重视人力资源，而不是简单地将其看成一种成本。

企业经营者首先要给予员工最基本的尊重，应重视员工提出的意见，认真考虑员工的意见，员工才会觉得有存在的价值，否则找不到自己的定位，员工就会对企业漠不关心。单打独斗的奋斗模式已成为过去，现在和未来都是团队和团队之间的竞争。随着整个社会人力成本的上升，企业需要更加科学有效的管理模式。企业要想长远的发展，就要做好人力资源管理（Human Resource Management，HRM）。有远见的管理者都会走在重视人、发展人的道路上，因此人力资源管理也会越发受到重视。职业资格证书是检验人才的渠道之一，因此人力资源职业资格证书考试近些年的关注度逐渐提高。

一、人力资源管理的概念

人力资源是指在一个国家或地区中的总人口中减去丧失劳动能力的人口之后的人口，也指一定时期内组织中的人所拥有的能够被企业所用，且对价值创造起贡献作用的教育、能力、技能、经验、体力等的总称。狭义讲就是企事业单位独立的经营团体所需人员具备的能力（资源）。

人力资源管理，是指在经济学与人本思想指导下，通过招聘、甄选、培训、报酬等管理形式对组织内外相关人力资源进行有效运用，满足组织当前及未来发展的需要，保证组织目标实现与成员发展的最大化的一系列活动的总称，即预测组织人力资源需求并做出人力需求计划，招聘选择人员并进行有效组织，考核绩效支付报酬并进行有效激励，结合组织与个人需要进行有效开发等。学术界一般把人力资源管理分为六大模块：①人力资源规划；②招聘与配置；③培训与开发；④绩效管理；⑤薪酬福利管理；⑥劳动关系管理。21 世纪是全球化、市场化、信息化的世纪，企业人力资源管理系统将构筑在互联网的计算机网络平台上，形成新型的人力资源管理模式。

二、人力资源的六大特征

人力资源作为一种特殊资源，具有如下特征：

（1）能动性。人具有主观能动性，能够有目的地进行活动，有目的地改造外部物质世界。

（2）两重性。人力资源与其他任何资源不同，是属于人类自身所有，存在于人体之中的活的资源，因而人力资源既是生产者，同时又是消费者。人力资源中包含丰富的知识内容，使其具有巨大的潜力，以及其他资源无可比拟的高增值性。

（3）时效性。人力资源与一般资源（如矿产资源）不同，矿产资源一般可以长期储存，不采不用，品质不会降低。人力资源则不然，储而不用，才能会退化、荒废。工作性质不同，人的才能发挥的最佳时期也不同。一般而言，25~45 岁是科技人才的黄金年龄，37 岁为其峰值。人力资源的时效性要求人力资源开发要抓住人的年龄最有利于职业要求的阶段，实施最有力的激励。

（4）社会性。人力资源处于特定的社会和时代中，不同的社会形态、不同的文化背景都会反映和影响人的价值观念、行为方式、思维方法。人力资源的社会性要求在开发过程中特别注意社会政治制度、国别政策、法律法规及文化环境等因素的影响。

（5）连续性。人力资源开发的连续性（持续性），是指人力资源是可以不断开发的资源，不仅其使用过程是开发的过程，培训、积累、创造过程也是其开发的过程。

（6）再生性。人力资源是可再生资源，通过人口总体内各个个体的不断替换更新和劳动力的"消耗—生产—再消耗—再生产"的过程实现其再生。人力资源的再生性除受生物规律支配外，还受到人类自身意识、意志的支配，以及人类文明发展活动的影响，新技术革命的制约。

三、人力资源管理的发展趋势

从设计、宣传到实施是一项复杂的系统性很强的工作，很多工作单靠一家企业的人力资源部门是很难独立完成的。这就需要人力资源部门开展有效的内部分工和外部合作工作（这也是人力资源管理的发展趋势），对人力资源管理部门的职能进行重新定位。

（1）将人力资源管理部门的部分职能（如招聘、员工晋升和降级、绩效考核等）进行弱化，使之向直接管理部门回归，由直接部门直接管理，重新整合于直接管理部门的一般管理之中。之所以强调回归，是因为像招聘、员工晋升和降级、绩效考核等职能最初属直接管理部门，后来经历了从直接管理部门分离的过程才转化为人力资源管理部门的职能。

（2）将人力资源管理部门的某些职能进行分化，使之进行社会化运作。企业人力资源管理部门的某些职能，如培训开发、高层职员的招聘选拔、员工管理能力的考核、人才诊断、人员素质测评等，往往需要较专业的专家学者参与，需要专业的知识和设备，更需要多种专门渠道，这是企业人力资源管理部门较难独立完成的，可以将这些职能再次分化，向社会化的专业管理咨询公司转移。这些管理咨询公司一般由一大批在人力资源管理方面具有很深造诣的专家组成，专门从事人力资源管理的研究和咨询（人力资源开发与管理已成为一项重要的社会产业），帮助企业降低长期管理成本，并使企业获得新的管理技术与管理思想。

（3）除去已经回归的和社会化的职能外，人力资源管理部门的其他职能必须强化。例如，通过制定适当的人力资源政策，影响和引导员工行为；为支持组织文化和实现组织变革提供保障；通过参与组织的战略决策和对员工职业生涯的设计与开发，实现员工与组织的共同成长和发展等。

（4）知识经济时代，建立"以能为本、按知分配"的体系是人力资源管理的大势所趋。股权激励作为实现人力资源资本化的有效途径，成为越来越多非上市公司激励核心人才的战略举措。

第二节　现代企业应用实例

企业的竞争实质上是人才的竞争，企业人力资源是企业发展的基础与保障，因此，企业在发展过程中必须紧抓人力资源管理这一核心要义，建构起长效化人力资源管理战略，既要实现引入人才，又要保障留住人才，从而为企业发展注入源源不断的活力。

一、人力资源部门经理岗位职责

（一）职责

（1）制定人力资源发展的中长期规划和年度计划，拟定企业人员编制，编制人力资源支出预算，进行成本控制。

（2）制定招聘、考核、升职、奖惩、职称和技术登记评定等人力资源管理的方针政策。

（3）拟定、修订、废止、发放、解释人力资源管理制度，进行各部门职责权限划分。

（4）人事问题的解决处理和人事关系协调。

（5）协调和指导各用人部门的人才招聘、员工培训、绩效考评、薪酬福利等工作。

（6）负责人事档案的汇集整理、存档保管、统计分析和劳动合同的签订。

（7）负责组织结构设计和职位说明书的编写。

（8）进行人员招聘与录用，员工升调和辞退管理。

（9）拟定薪酬制度，研究、改进薪酬管理制度，进行薪酬调整。

（10）员工绩效考核，员工假务、勤务管理。

（11）员工培训与开发及劳动关系管理。

（12）员工职业生涯规划管理。

（二）权利

（1）参与制定企业人力资源战略规划。

（2）对违反人力资源管理制度的部门和个人进行处罚。

（3）对企业员工调动、任免给予建议。

（4）对各部门员工绩效实施考核及奖惩。

（5）各级管理人员任免建议。

（6）部门内部员工聘任、解聘的建议。

（7）部门工作协调及劳动争议调解。

二、某公司人力资源部内部管理规定（摘选）

（一）各岗位职责与职权

1. 人力资源专员岗位职责

（1）协助部门经理制定人力资源管理规章制度。

（2）协助部门经理进行人力资源规划与开发。

（3）协助部门经理完成招聘、试用、转正、调配、晋升、解聘等工作。

（4）协助部门经理组织员工培训管理工作，完善培训管理体系，保障为公司各部门开展工作提供有力的后勤支持服务。

（5）协助部门经理进行绩效指标体系的建立，为公司制定可执行性强、适合公司长远发展的绩效考核管理办法，辅助部门经理对各部门绩效进行考核管理。

（6）协助部门经理开展人才测评管理工作，负责统计测评数据，整理测评数据库建设。

2. 劳动关系专员岗位职责

（1）协助部门经理制定人力资源管理规章制度。

（2）协助部门经理进行人力资源规划与开发。

（3）协助部门经理进行薪酬标准及适用性调研，负责统计公司全体员工工资报表，负责草拟公司福利待遇报表。

（4）负责劳动关系管理，协助部门经理处理劳资关系争议事件，负责员工劳动合同统计、签证、签订等工作。

（5）负责为员工上缴社会保险、意外伤害保险费用，办理保险变更管理事项。

（6）负责人事档案管理建设，严格按照公司档案管理规定做好人事档案管理工作。

（二）操作规范

1. 人力资源专员操作规范

（1）草拟并执行企业人力资源管理的相关制度，经人力资源部经理修订，上报企业管理部经理审阅，董事长批准后执行。

（2）协助部门经理进行人力资源规划与开发，组织人力资源的挖掘、储备、人才库、考核资料库建设工作，并定期修订公司职位说明书、完善岗位管理系统。

（3）协助部门经理依据企业各部门的需求和岗位任职条件，拓展招聘渠道，制定招聘计划，保证岗位不空缺。协助部门经理组织面试、复试，择优录用新员工，根据招聘情况做好人员试用期工作的安排及考核，并进行相关的培训和考评工作以及试用期薪资的具体安排。

（4）根据公司的具体工作进行人员调配，以达到保证各分公司人员正常使用及合理使用。

（5）协助部门经理完善晋升考核体系，做好晋升岗位的具体考核细则及测评方案，为公司员工的职业发展规划提供保障性工作，并制定、实施相关培训体系。

（6）协助部门经理定期组织各部门实施员工绩效考核。

（7）协助部门经理收集人才测评试题库，进行人才测评调研。

2. 劳动关系专员操作规范

（1）检查新入职员工档案的真实性和完整性，并根据相关信息制作电子档案。做到一人一档。按规定负责新入职员工劳动合同的签订、存档；根据员工档案，列出合同即将到期人员名单，通知当事人续签劳动合同，并存档；负责岗位调动、离职等手续办理。

（2）每月月初根据企业薪酬方案和员工日常考勤，编制员工工资表，以保证员工工资能够按时发放。

（3）协助部门经理编制企业年度薪酬支出预算，计算企业人工成本承受能力，制定合理的薪酬方案，控制企业人工成本。

（4）每月15日前完成员工考勤及考核工作，并上报财务部，有明确的工资管理制度，协助部门经理认真制定并执行工资标准、工资等级、岗位定级、考核办法等管理办法。

（5）根据政府劳动部门的规定，协助部门经理组织制定企业统一的劳动合同文本。并办理劳动合同签订、续签、终止手续，及时统计合同情况报表。

（6）按期进行社会保险登记证年检工作，核定保险缴费基数工作。

（7）负责公司全体员工人事档案管理，及时收集人事档案资料。

第三节　经典案例

珠海格力电器股份有限公司

（一）珠海格力电器股份有限公司简介

珠海格力电器股份有限公司（以下简称格力）成立于1991年，是集研发、生产、销售、服务于一体的国有控股专业化空调企业，2012年实现营业总收入1001.10亿元，成为我国首家超过千亿的家电上市公司；2018年，公司营业总收入2000.24亿元，净利润262.03亿元，纳税160.23亿元，连续12年位居家电行业纳税第一。截至2019年，格力现有9万多名员工，其中有1.4万名研发人员和3万多名技术工人，在国内外建有14个生产基地，分别坐落于我国珠海、重庆、合肥、郑州、武汉、石家庄、芜湖、长沙、杭州、洛阳、南京、成都，以及巴西玛瑙斯市，巴基斯坦拉合尔市；同时建有长沙、郑州、石家庄、芜湖、天津五个再生资源基地，覆盖从上游生产到下游回收全产业链，实现了绿色、循环、可持续发展。

（二）人力资源管理战略

2001年，董明珠明确提出"百年企业，人才管理是基础"。为此，格力建立了一整套"选、育、用、留"人才培养体系，包括德才兼备、品德优先的选人机制，"能者上，庸者下"的内部晋升机制和优胜劣汰的竞争机制。另外，格力建立了"育人工程"、一人一居室的"安居工程"，设立自动化研究院以提高人均产值的"创新工程"和讲真话、干实事，讲原则、办好事，讲奉献、成大事的"灵魂工程"。格力秉持"公平公正、公开透明、公私分明"的管理方针，注重对干部队伍的思想和行为管理，重视人才培养和激励体系建设。

格力已与清华大学、马里兰大学等国内外著名高校达成了合作协议，开设了机械、自动化、制冷等硕士专业，专门为格力内部员工提供有关的专业课程辅导。格力充分吸收高校科研资源，开展全方位的战略合作。

为了打造学习型团队，格力投入约 3000 万元建成格力员工培训中心大楼，配备了大量现代化的多媒体培训设施。公司还建立了完善的劳动技能竞赛与评定制度，每年举行"格力电器劳动技能精英赛"，涌现出各类技能精英。

为满足广大员工职业发展、自我实现的需求，积极地与国内外权威机构进行合作，及时引入外部先进管理理念，开创了"双轨制"职业发展模式，并通过内部招聘、人才储备、竞聘上岗等方式给员工提供了更为多样的职业发展机会。

（三）格力人力资源战略

此外，格力每年花费大量金钱和时间用于员工的培训与福利。格力在迅速发展的同时，不忘回报广大员工，近年来员工人均工资收入每年都保持一定的增长率。

【思考与练习】

（1）格力发展到今天，你认为在人力资源方面靠的是什么？

（2）在未来发展上，格力有什么值得其他公司借鉴的方面？

第五章　财务项目管理与实践

第一节　财务项目管理基础

一、财务项目管理基本概念

（一）资金成本

资金成本是企业筹资管理的主要依据，也是投资管理的重要标准。

1. 资金成本的含义

资金成本有时也称为资本成本，是指企业筹集和使用资金必须支付的各种费用。这里的资金是指所筹集的长期资金，包括自有资金和借入长期资金。资金成本包括筹资费用和用资费用两部分。筹资费用是指企业在筹集资金过程中为获取资金而付出的费用；用资费用也称使用费用，是指企业在生产经营、投资过程中因使用资本而付出的费用。二者的区别在于，前者通常是在筹措资金时一次性支付的，在用资过程中不再发生，因此属于固定性费用，可视作筹资数额的一项扣除。

资金成本有绝对数和相对数两种表示方法，但是因为绝对数不利于不同资金规模的比较，所以在财务管理当中一般采用相对数表示法。相对数表示法，即用资费用与实际筹得资金（筹资数额扣除筹资费用后的余额）的比率表示，其计算公式为

$$资金成本 = 每年的用资费用 / （筹款数额 - 筹资费用）$$

2. 资金成本的作用

资金成本是企业财务管理的一个重要概念，在许多方面都可加以利用，其主要用于筹资决策和投资决策。

（1）资金成本在企业筹资决策中的作用。资金成本是企业选择资金来源，拟定筹资方案的依据。不同的资金来源，具有不同的成本。为了以较少的支出取得企业所需的资金，就必须分析各种资金成本的高低，并加以合理配置。资金成本对企业筹资决策的影响主要有以下几个方面：

1）资金成本是影响企业筹资金额的重要因素。随着筹资数额的增加，资金成本不断变化。当企业筹资数额很大，资金的边际成本超过企业承受能力时，企业便不能再增加筹资数额。因此，资金成本是限制企业筹资数额的一个重要因素。

2）资金成本是企业选择资金来源的基本依据。企业的资金可以从许多方面来筹集，就长期借款来说，可以向商业银行借款，也可以向保险公司或其他金融机构借款，还可向政府申请借款。企业究竟选用哪种来源，首先要考虑的因素就是资金成本的高低。

3）资金成本是确定最佳资金结构的主要参数。不同的资金结构，会给企业带来不同的风险和成本。在确定最佳资金结构时，考虑的因素主要有资金成本和财务风险。

当然，资金成本并不是企业筹资决策中所要考虑的唯一因素。企业筹资还要考虑财务风险、资金期限、偿还方式、限制条件等。但资金成本作为一项重要的因素，直接关系到企业的经济效益，是筹资决策时需要考虑的一个首要问题。

（2）资金成本在投资决策中的作用。资金成本是评价投资项目、比较投资方案和追加投资决策的主要经济指标，在企业评价投资项目的可行性、选择投资方案时有着重要作用。

1）在计算投资评价指标净现值时，常以资金成本作折现率。当净现值为正时，投资项目可行；反之，如果净现值为负，则该项目不可行。因此，采用净现值指标评价投资项目时离不开资金成本。

2）在利用内部收益率指标进行项目可行性评价时，一般以资金成本作为基准收益率，即只有当投资项目的内部收益率高于资金成本时，投资项目才可行；反之，当投资项目的内部收益率低于资金成本时，投资项目不可行。因此，国际上通常将资金成本视为投资项目的最低收益率或是否采用投资项目的取舍率，是比较、选择投资方案的主要标准。

（二）利润及利润分配

利润是指企业在一定会计期间的经营成果，是企业在一定会计期间内实现的收入减去费用后的余额；所得税是国家以课税为目的，对企业经营所得和其他所得进行的征税；利润总额减去所得税后即为企业的净利润。利润分配是企业按照利润分配政策和各方投资人的协议，以价值形式分配企业实现的净利润。利润的分配过程和结算，关系到各投资人的权益是否得到保护，还关系到企业能否长期、稳定的发展。

1. 利润

企业利润包括营业利润、投资收益、补贴收入、营业外收入和支出、所得税等组成部分。其中，营业利润加上投资收益、补贴收入、营业外收入，减去营业外支出后的数额即为利润总额。

2. 所得税

按照《中华人民共和国企业所得税法》规定，应纳税所得额是指企业每一纳税年度的收入总额，减除不征税收入、免税收入、各项扣除以及允许弥补的以前年度亏损后的余额。

收入总额包括销售货物收入，提供劳务收入，转让财产收入，股息、红利等权益性投资收益，利息收入，租金收入，特许权使用费收入，接受捐赠收入，其他收入。

准予扣除的项目包括企业实际发生的与取得收入有关的、合理的支出，包括成本、费用、税金、损失和其他支出。

所得税计算公式为

$$所得税 = 应纳税所得额 \times 适用税率$$

随着我国会计制度改革和税制改革的逐步深入，企业财务会计和所得税会计逐步分离，企业按照会计制度和会计准则核算的会计利润与按照税法计算的企业应纳税所得额之间的差异也逐步扩大。由于会计准则与税法两者的目的不同，同一企业在同一会计期间经营成果的计算往往存在着差异。这些差异按性质分为两种，即永久性差异和时间性差异。

（1）永久性差异。永久性差异是指某一会计期间，由于会计制度和税法在计算收益、费用或损失时的口径不同，所产生的税前会计利润与应纳税所得额之间的差异。

这种差异在本期发生，不会在以后各期转回。这种差异的产生，主要是会计制度与税收法规在计算收益或所得时，所确认的收支口径不同所造成的。

（2）时间性差异。时间性差异是指税法与会计制度在确认收益、费用或损失时的时间不同，而产生的税前会计利润与应纳税所得额的差异。这种差异的产生，是由于有些收入和支出项目计入纳税所得的时间与计入税前会计利润的时间不一致。时间性差异产生于某一会计时期，但在以后的一期或若干期内能够转回。

企业在计算应纳税所得额时，按会计准则计算的税前利润，是计算应纳税所得额的基础。

3. 利润分配

企业当年实现的净利润加上年初未分配利润，是本年可供分配的利润。利润分配主要包括以下内容：

（1）提取法定盈余公积。法定盈余公积按照本年实现净利润的一定比例提取，股份制企业（包括国有独资公司、有限责任公司和股份有限公司）按照规定的 10% 比例提取；其他企业可以根据需要确定提取比例，但至少应按 10% 提取。企业的法定盈余公积累积数，已超过注册资金 50% 时不再提取。

（2）提取法定公益金。股份制企业按照本年净利润的 5%~10% 提取；其他企业按不高于法定盈余公积的提取比例提取公益金。企业提取的公益金用于职工的集体福利设施。

（3）支付优先股股利。优先股股利按原规定的支付方法支付。

（4）提取任意盈余公积。股份制企业提取法定盈余公积后，经过股东大会决议，可以提取任意盈余公积；其他企业也可根据需要提取任意盈余公积。任意盈余公积的提取比例由企业视情况而定。

（5）向普通股分配红利。企业提取法定盈余公积和法定公益金后，可按规定向普通股股东分配红利。

（6）如果企业发生亏损，可以用以后年度实现的利润弥补，也可以用以前年度提取的盈余公积弥补。企业以前年度亏损未弥补完，不得提取法定盈余公积和法定公益金。在提取法定盈余公积和法定公益金前，不得向投资者分配利润。

二、财务报表

财务报表是财务报告的核心，是提供财务信息最主要的手段，它通常包括基本财务报表和作为财务报表组成部分的附注、附表。下面介绍几种常用财务报表。

（一）资产负债表

资产负债表（格式见表 5-1-1）是企业对外提供的主要财务报表之一。它是根据资产、负债和所有者权益之间的相互关系（即"资产＝负债＋所有者权益"的恒等关系），按照一定的分类标准和一定的次序，把企业特定日期的资产、负债、所有者权益三项会计要素所属项目予以适当排列，并对日常会计工作中形成的会计数据进行加工、整理后编制而成的。其主要功能是反映企业在某一特定日期的财务状况，故资产负债表又称为财务状况表。

表 5-1-1　　　　　　　　　　　资产负债表格式

编制单位：　　　　　　　　　　_____年___月___日　　　　　　　单位：元

资产	期末余额	上年年末余额	负债和所有者权益（或股东权益）	期末余额	上年年末余额
流动资产：			流动负债：		
货币资金			短期借款		
结算备付金 *			向中央银行借款 *		
拆出资金 *			拆入资金 *		
交易性金融资产			交易性金融负债		
衍生金融资产			衍生金融负债		
应收票据			应付票据		
应收账款			应付账款		
应收款项融资			预收款项		
预付款项			合同负债		
应收保费 *			卖出回购金融资产款 *		
应收分保账款 *			吸收存款及同业存放 *		
应收分保合同准备金 *			代理买卖证券款 *		
其他应收款			代理承销证券款 *		
买入返售金融资产 *			应付职工薪酬		

资产	期末余额	上年年末余额	负债和所有者权益（或股东权益）	期末余额	上年年末余额
存货			应交税费		
合同资产			其他应付款		
持有待售资产			应付手续费及佣金 *		
一年内到期的非流动资产			应付分保账款 *		
其他流动资产			持有待售负债		
流动资产合计			一年内到期的非流动负债		
非流动资产：			其他流动负债		
发放贷款和垫款 *			流动负债合计		
债权投资			非流动负债：		
其他债权投资			保险合同准备金 *		
长期应收款			长期借款		
长期股权投资			应付债券		
其他权益工具投资			其中：优先股		
其他非流动金融资产			永续债		
投资性房地产			租赁负债		
固定资产			长期应付款		
在建工程			预计负债		
生产性生物资产			递延收益		
油气资产			递延所得税负债		
使用权资产			其他非流动负债		
无形资产			非流动负债合计		
开发支出			负债合计		
商誉			所有者权益（或股东权益）：		
长期待摊费用			实收资本（或股本）		
递延所得税资产			其他权益工具		
其他非流动资产			其中：优先股		
非流动资产合计			永续债		
			资本公积		
			减：库存股		
			其他综合收益		

续表

资产	期末余额	上年年末余额	负债和所有者权益（或股东权益）	期末余额	上年年末余额
			专项储备		
			盈余公积		
			一般风险准备 *		
			未分配利润		
			归属于母公司所有者权益（或股东权益）合计		
			少数股东权益		
			所有者权益（或股东权益）合计		
资产总计			负债和所有者权益（或股东权益）总计		

注 标注"*"的项目为金融企业专用行项目。

（二）利润表

利润表（格式见表 5-1-2）又称收益表、损益表，是反映企业一定期间经营成果的财务报表。

企业在一定期间的经营成果表现为企业在此期间所取得的利润（或亏损），是企业经济效益的综合体现。

表 5-1-2   利润表格式

编制单位：　　　　　　　　　　　　　　年　　月　　　　　　　　　　　单位：元

项目	本期金额	上期金额
一、营业收入		
其中：营业收入		
利息收入 *		
已赚保费 *		
手续费及佣金收入 *		
二、营业总成本		
其中：营业成本		
利息支出 *		

项目	本期金额	上期金额
手续费及佣金支出 *		
退保金 *		
赔付支出净额 *		
提取保险责任准备金净额 *		
保单红利支出 *		
分保费用 *		
税金及附加		
销售费用		
管理费用		
研发费用		
财务费用		
其中：利息费用		
利息收入		
加：其他收益		
投资收益（损失以"–"号填列）		
其中：对联营企业和合营企业的投资收益		
以摊余成本计量的金融资产终止确认收益		
汇兑收益（损失以"–"号填列）		
净敞口套期收益（损失以"–"号填列）		
公允价值变动收益（损失以"–"号填列）		
信用减值损失（损失以"–"号填列）		
资产减值损失（损失以"–"号填列）		
资产处置收益（损失以"–"号填列）		
三、营业利润（亏损以"–"号填列）		
加：营业外收入		
减：营业外支出		
四、利润总额（亏损总额以"–"号填列）		
减：所得税费用		
五、净利润（净亏损以"–"号填列）		
（一）按经营持续性分类		
1.持续经营净利润（净亏损以"–"号填列）		

续表

项目	本期金额	上期金额
2.终止经营净利润（净亏损以"－"号填列）		
（二）按所有权归属分类		
1.归属于母公司股东的净利润（净亏损以"－"号填列）		
2.少数股东损益（净亏损以"－"号填列）		
六、其他综合收益的税后净额		
（一）归属于母公司所有者的其他综合收益的税后净额		
1.不能重新分类进损益的其他综合收益		
（1）重新计量设定受益计划变动额		
（2）权益法下不能转损益的其他综合收益		
（3）其他权益工具投资公允价值变动		
（4）企业自身信用风险公允价值变动		
……		
2.将重分类进损益的其他综合收益		
（1）权益法下可转损益的其他综合收益		
（2）其他债权投资公允价值变动		
（3）金融资产重分类计入其他综合收益的金额		
（4）其他债权投资信用减值准备		
（5）现金流量套期储备		
（6）外币财务报表折算差额		
……		
（二）归属于少数股东的其他综合收益的税后净值		
七、综合收益总额		
（一）归属于母公司所有者的综合收益总额		
（二）归属于少数股东的综合收益总额		
八、每股收益		
（一）基本每股收益		
（二）稀释每股收益		

注　标注"*"的项目为金融企业专用行项目。

（三）现金流量表

现金流量表（格式表5-1-3）是反映企业在一定会计期间现金流转情况的会计报表。编制现金流量表，首先必须明确现金的含义。现金流量表所反映的"现金"，不是通常意义的现金，它是一个广义的概念，通常包括现金和现金等价物。由于现金及等价物的内涵直接影响到现金流量表的构成内容及性质，各国准则制定机构均对现金和现金等价物的概念做了相应的界定。我国规定，现金是指企业的库存现金及随时用于支付的存款。它不仅包括"现金"账户核算的库存现金，还包括企业"银行存款"账户核算的存入金融企业、随时可以用于支付的存款，也包括"其他货币资金"账户核算的外埠存款、银行汇票、银行本票存款和在途货币资金等其他货币资金。需要注意的是，银行存款和其他货币资金中有些不能随时用于支付的存款，如不能随时支取的定期存款，不应作为现金，而应列作投资；提前通知金融企业便可支取的定期存款，则应包括在现金范围内。现金等价物是指企业持有的期限短、流动性强、易于转换为已知金额现金、价值变动风险很小的投资。现金等价物虽然不是现金，但其支付能力与现金差别不大，因此可视为现金。

表 5-1-3 　　　　　　　　　　　　　　现金流量表格式

编制单位：　　　　　　　　　　　　　　 _____年____月 　　　　　　　单位：元

项目	本期金额	上期金额
一、经营活动产生的现金流量		
销售商品、提供劳务收到的现金		
客户存款和同业存放款项净增加额 *		
向中央银行借款净增加额 *		
向其他金融机构拆入资金净增加额 *		
收到原保险合同保费取得的现金 *		
收到再保业务现金净额 *		
保户储金及投资款净增加额 *		
收取利息、手续费及佣金的现金 *		
拆入资金净增加额 *		
回购业务资金净增加额 *		

项目	本期金额	上期金额
代理买卖证券收到的现金净额 *		
收到的税费返还		
收到其他与经营活动有关的现金		
经营活动现金流入小计		
购买商品、接受劳务支付的现金		
客户贷款及垫款净增加额 *		
存放中央银行和同业款项净增加额 *		
支付原保险合同赔付款项的现金 *		
拆出资金净增加额 *		
支付利息、手续费及佣金的现金 *		
支付保单红利的现金 *		
支付给职工以及为职工支付的现金		
支付的各项税费		
支付其他与经营活动有关的现金		
经营活动现金流出小计		
经营活动产生的现金流量净额		
二、投资活动产生的现金流量		
收回投资收到的现金		
取得投资收益收到的现金		
处置固定资产、无形资产和其他长期资产收回的现金净额		
处置子公司及其他营业单位收到的现金净额		
收到其他与投资活动有关的现金		
投资活动现金流入小计		
购建固定资产、无形资产和其他长期资产支付的现金		
投资支付的现金		
质押贷款净增加额 *		
取得子公司及其他营业单位支付的现金净额		
支付其他与投资活动有关的现金		

续表

项目	本期金额	上期金额
投资活动现金流出小计		
投资活动产生的现金流量净额		
三、筹资活动产生的现金流量		
吸收投资收到的现金		
其中：子公司吸收少数股东投资收到的现金		
取得借款收到的现金		
收到其他与筹资活动有关的现金		
筹资活动现金流入小计		
偿还债务支付的现金		
分配股利、利润或偿付利息支付的现金		
其中：子公司支付给少数股东的股利、利润		
支付其他与筹资活动有关的现金		
筹资活动现金流出小计		
筹资活动产生的现金流量净额		
四、汇率变动对现金及现金等价物的影响		
五、现金及现金等价物净增加额		
加：期初现金及现金等价物余额		
六、期末现金及现金等价物余额		

注　标注"*"的项目为金融企业专用行项目。

（四）所有者权益变动表

所有者权益变动表（格式见表 5-1-4）是反映构成所有者权益的各组成部分当期的增减变动情况的报表。

通过所有者权益变动表，既可以为报表使用者提供所有者权益总量增减变动的信息，也能为其提供所有者权益增减变动的结构性信息，特别是能够让报表使用者理解所有者权益增减变动的根源。

所有者权益表格式

表5-1-4

编制单位：　　　　　　　　　　年度　　　　　　　　　　单位：元

项目	本年金额												上年金额											
	归属于母公司所有者权益										少数股东权益	所有者权益合计	归属于母公司所有者权益										少数股东权益	所有者权益合计
	实收资本（或股本）	其他权益工具			资本公积	减：库存股	其他综合收益	专项储备	盈余公积	一般风险准备*	未分配利润	小计			实收资本（或股本）	其他权益工具			资本公积	减：库存股	其他综合收益	专项储备	盈余公积	一般风险准备*	未分配利润	小计		
		优先股	永续债	其他												优先股	永续债	其他										
一、上年末余额																												
加：会计政策变更																												
前期差错更正																												
其他																												
二、本年初余额																												
三、本年增减变动金额（减少以"－"号填列）																												
（一）综合收益总额																												
（二）所有者投入和减少资本																												
1.所有者投入的普通股																												
2.其他权益工具持有者投入资本																												
3.股份支付计入所有者权益的金额																												
4.其他																												
（三）利润分配																												
1.提取盈余公积																												
2.提取一般风险准备*																												
3.对所有者（或股东）的分配																												
4.其他																												
（四）所有者权益内部结转																												
1.资本公积转增资本（或股本）																												
2.盈余公积转增资本（或股本）																												
3.盈余公积弥补亏损																												
4.设定受益计划变动额结转留存收益																												
5.其他综合收益结转留存收益																												
6.其他																												
四、本年末余额																												

注　标注"*"的项目为金融企业专用行项目。

第二节　现代企业应用实例

　　企业财务管理目标是随着企业所在行业的市场经济环境变动而在不断的发展变化的，企业财务管理作为企业实现价值增长的核心管理方式，需要不断地结合市场动态进行创新，才能够有效地为企业在不断发展的社会经济中取得良好的发展前景。

一、财务部岗位职责

（一）财务部经理岗位职责

1. 日常工作

（1）负责组织和协调财务部日常工作，并完成上级领导提出的各项工作。

（2）负责所属部门内员工的培训、考核，提高财务人员的专业领域知识。

（3）建立、健全财务管理体系，对财务部门的日常管理、年度预算资金运作等进行总体控制。

（4）对外协调与财政、审计、税务、银行及会计师事务所等社会中介机构的业务和联络工作。

2. 项目性工作

（1）对公司投资行为、重要经营活动等方面提供建议和决策支持，参与风险评估、指导、跟踪和控制。

（2）主持财务报表及财务预决算的编制工作，为公司决策提供及时有效的财务分析。

（3）掌握公司财务状况、经营成果和资金变动情况，及时向上级领导汇报工作情况。

（4）出具每季度经营分析报告、每月预算执行情况表等常规分析报告。

（二）财务部各岗位职责要求

（1）认真执行国家财务方针政策，遵守财务会计制度、财经纪律；贯彻执行国家及公司的现金管理制度；执行国家税收政策，按规定计提、核对各项税金，缴纳各项税费。

（2）认真执行国家和公司规定的各项开支范围。

（3）按时完成公司的各类财务报表的编制及分析，并及时进行财务档案的整理归档和文件保存。

（4）做好库存现金、现金收据的保管工作。

（5）认真审核会计凭证，并认真登记编制总分类账、明细分类账和各种辅助台账。正确编制有关税务报表。

（6）及时汇总正确发放职工工资、奖金。

（7）做好现金支票、转账支票和银行收据及印鉴的保管工作。

（8）接受税务部门检查，及时向公司领导传达税务政策。

二、财务管理主要工作内容

（一）会计凭证、账簿管理规定

此项管理旨在规范会计工作行为，加强会计基础工作。基本要求如下：

（1）必须正确填制会计凭证和登记会计账簿，如实、及时、清晰地记录各项经济业务。

（2）建立和健全记账工作的责任制，对于每一种会计凭证，都要有明确的分工，并专人负责审核。

（3）会计人员在调动工作或因故长期离职时，必须将经管的会计凭证、账簿、款项和未了事项同接办人员交接清楚，并由会计主管或公司指定的人员监交。

（4）会计账簿和凭证，按规定建立档案，妥善保管。需要销毁时，应按规定期限和程序报经批准。

1. 会计凭证

（1）每一项需要办理会计手续的经济业务，都必须取得或填制原始凭证，按规定的传递程序，及时送交会计部门办理会计手续。

（2）原始凭证应具备以下内容：①凭证名称（发票、账单、收据、支出凭证、入库单、出库单等）；②接受凭证单位的名称或个人姓名；③业务内容或费用类别、实物数量、单价、金额；④填制单位和经办人签证。

（3）记账凭证会计部门根据审核无误的原始凭证填制，并应具备以下内容：①凭证名称（分为收款凭证、付款凭证、转账凭证）；②填制日期和编号；③业务内容摘要；④会计分录（包括会计科目、明细科目名称、记账方向、金额、科目名称编号）；⑤所附原始凭证张数；⑥填制、审核和会计主管人员签章，收付款凭证还必须由出纳人员签章。

（4）各种重要的原始凭证，如合同、契约等应另编目录，单独保管，并在有关记账凭证上加注说明。对于数量过多的原始凭证（如工资单、出库单等），可以单独装订保管，但要注明属哪张凭证的附件或加注其他说明。

2. 会计账簿

（1）公司财务部门应设置总账、现金明细账、银行存款日记账和各种必要的明细账及辅助台账。

（2）总账根据财政部颁发的会计科目分设账户，根据记账凭证或科目汇总表进行登记。

（3）现金日记账、银行存款日记账应根据收、付凭证顺序逐笔登记。

（4）各种明细账根据记账凭证或原始凭证进行登记。

（5）月终时，将总账科目的余额分别与现金日记账、银行存款日记账和有关明细账的余额核对相符。

（二）票据管理办法

票据管理旨在加强票据的管理和财务监督，保障票证管理规范，维护公司经济秩序。

1. 发票管理办法

（1）任何人不得出售发票，不得撕毁、涂改、转让（包括转让性代开）、销毁和拆本使用业务性发票。对填写错的发票应完整保存其各联，不得私自销毁，如丢失业务性发票，应及时报告税务机关处理。

（2）向税务机关购买的发票应由财务专人保管、领用、登记。

（3）对单位内部使用的非经营性票据，如内部借款单、内部结算凭证等，也应妥善保管。

（4）对外收取各种款项均需到财务部开具正式对外收据。

（5）发票项目必须填写齐全，开具发票应当按照规定的时间、顺序、逐栏全部联一次填开，上下联的内容和金额一致，并加盖单位财务印章或者发票专用章。

（6）用完的内部发票，应按时归档。

2. 银行支票使用规定

（1）支票是银行存款人签发给收款人办理结算或委托开户银行将款项支付给收款人的票据。

（2）单位从银行领用的空白支票（转账支票、现金支票）只限本单位使用，不得出租、出借或转让，不得签发空白、空头支票或远期支票。

（3）签发支票各单位应有单位负责人同意开具的支票领用单，一般由所属单位财务人员办理。

（4）签发支票应使用墨汁或碳素墨水填写，未经规定填写被涂改冒领，由签发人负责。支票金额大小写和收款人不得更改，其他内容如有更改必须有签发人加盖预留银行印鉴之一证明。

（5）签发支票原则上必须填写收款单位名称、签发日期、款项用途及金额，金额难以确定的，在限额前加"￥"符号，支票限三天后必须报账。暂不填写金额的支票，只限转账支票适用。

（三）资金管理办法

资金管理旨在加强资金的整体运作，合理有效地使用资金，提高资金的营运效益。

1. 资金的收取

资金由公司财务部门统一收取，所收各种款项一律进入公司银行账内，要做到所收款项及时存入银行。

2. 资金的支出

（1）现金的支出和报销应由公司领导或公司指定的负责人审批，并签字同意后，财务人员才可执行。

（2）支票的支出应由公司领导或领导指定的负责人审批，并签字签发支票领用单

（要填写详细用途）后，财务人员才可签发支票。

（3）财务人员每月按国家规定计算应交税款，并审核、汇总资金使用计划，做好债权、债务的回收清理工作，严格控制费用支出，做好资金的控制、核算、分析工作。

第三节　经典案例

在当今时代，钢铁产能过剩，竞争日益激烈，各企业的兼并、重组、战略整合等成为国内钢铁行业发展的显著特征之一。然而在钢铁企业的集团化运作与管控中，管控方法不科学、集团融资不力、财务数据共享不畅等问题越来越突出。加强财务管理与控制，进行公司改革，对于解决上述问题具有重要的现实意义。ABC 公司是一家小型钢铁制品公司，是这次改革中的代表性企业。ABC 公司通过公司改造、更新设备、股权重组等一系列方式增强自身竞争力。产量不断提高，产品质量得到进一步的改善，降低了产品单位成本，最大限度地使企业保值增值。

下面是 ABC 公司 2019 年 12 月 31 日的资产负债表（表 5-3-1）和截至 2019 年 12 月 31 日的损益表（表 5-3-2）及现金流量表（表 5-3-3）。

表 5-3-1　　　　　　　　　　　资产负债表

编制单位：ABC 公司			2019 年 12 月 31 日		单位：元
资产	期末余额	上年年末余额	负债和所有者权益（或股东权益）	期末余额	上年年末余额
流动资产：			流动负债：		
货币资金	50,000	280,000	短期借款		
交易性金融资产			交易性金融负债		
衍生金融资产			衍生金融负债		
应收票据			应付票据		
应收账款	920,000	700,000	应付账款	490,000	440,000
应收款项融资			预收款项	60,000	50,000
预付款项	40,000	60,000	合同负债		
其他应收款			应付职工薪酬		
存货	1,300,000	850,000	应交税费	150,000	40,000

续表

资产	期末余额	上年年末余额	负债和所有者权益（或股东权益）	期末余额	上年年末余额
合同资产			其他应付款		
持有待售资产			持有待售负债		
一年内到期的非流动资产			一年内到期的非流动负债		
其他流动资产			其他流动负债		
流动资产合计	23,210,000	1,890,000	流动负债合计	700,000	530,000
非流动资产：			非流动负债：		
债权投资			长期借款		
其他债权投资			应付债券	1,650,000	200,000
长期应收款			其中：优先股		
长期股权投资			永续债		
其他权益工具投资			租赁负债		
其他非流动金融资产			长期应付款		
投资性房地产			预计负债		
固定资产	1,800,000	300,000	递延收益		
在建工程			递延所得税负债		
生产性生物资产			其他非流动负债		
油气资产			非流动负债合计	1,650,000	20,000
使用权资产			负债合计	2,350,000	730,000
无形资产			所有者权益（或股东权益）：		
开发支出			实收资本（或股本）	1,060,000	960,000
商誉			其他权益工具		
长期待摊费用			其中：优先股		
递延所得税资产			永续债		
其他非流动资产			资本公积		
非流动资产合计			减：库存股		
			其他综合收益	700,000	500,000
			专项储备		
			盈余公积		

续表

资产	期末余额	上年年末余额	负债和所有者权益（或股东权益）	期末余额	上年年末余额
			未分配利润		
			所有者权益（或股东权益）合计	1,760,000	1,460,000
资产总计	4,110,000	2,190,000	负债和所有者权益（或股东权益）总计	4,110,000	2,190,000

表 5-3-2　　　　　　　　　　　　利润表

编制单位：ABC 公司　　　　　　　　2019 年 12 月 31 日　　　　　　　　单位：元

项目	本期金额	上期金额
一、营业收入	5,000,000	
减：营业成本	3,100,000	
税金及附加		
销售费用		
管理费用	800,000	
研发费用		
财务费用	110,000	
其中：利息费用		
利息收入		
加：其他收益		
投资收益（损失以"–"号填列）		
其中：对联营企业和合营企业的投资收益		
以摊余成本计量的金融资产终止确认收益（损失以"–"号填列）		
净敞口套期收益（损失以"–"号填列）		
公允价值变动收益（损失以"–"号填列）		
信用减值损失（损失以"–"号填列）		
资产减值损失（损失以"–"号填列）		
资产处置收益（损失以"–"号填列）		
二、营业利润（亏损以"–"号填列）	990,000	
加：营业外收入		
减：营业外支出		

续表

项目	本期金额	上期金额
三、利润总额（亏损总额以"-"号填列）		
减：所得税费用	300,000	
四、净利润（净亏损以"-"号填列）	690,000	
（一）持续经营净利润（净亏损以"-"号填列）		
（二）终止经营净利润（净亏损以"-"号填列）		
五、其他综合收益的税后净额		
（一）不能重分类进损益的其他综合收益		
1. 重新计量设定受益计划变动额		
2. 权益法下不能转损益的其他综合收益		
3. 其他权益工具投资公允价值变动		
4. 企业自身信用风险公允价值变动		
……		
（二）将重分类进损益的其他综合收益		
1. 权益法下可转损益的其他综合收益		
2. 其他债权投资公允价值变动		
3. 金融资产重分类计入其他综合收益的金额		
4. 其他债权投资信用减值准备		
5. 现金流量套期储备		
6. 外币财务报表折算差额		
……		
六、综合收益总额		
七、每股收益		
（一）基本每股收益		
（二）稀释每股收益		

表 5-3-3　　　　　　　　　　　　现金流量表

编制单位：ABC 公司	2019 年 12 月 31 日	单位：元
项目	本期金额	上期金额
一、经营活动产生的现金流量		
销售商品、提供劳务收到的现金	690,000	
收到的税费返还		

项目	本期金额	上期金额
收到其他与经营活动有关的现金	300,000	
经营活动现金流入小计	990,000	
购买商品、接受劳务支付的现金		
支付给职工以及为职工支付的现金		
支付的各项税费		
支付其他与经营活动有关的现金	670,000	
经营活动现金流出小计	670,000	
经营活动产生的现金流量净额	320,000	
二、投资活动产生的现金流量		
收回投资收到的现金		
取得投资收益收到的现金		
处置固定资产、无形资产和其他长期资产收回的现金净额		
处置子公司及其他营业单位收到的现金净额		
收到其他与投资活动有关的现金	−1,600,000	
投资活动现金流入小计		
购建固定资产、无形资产和其他长期资产支付的现金	−1,600,000	
投资支付的现金		
取得子公司及其他营业单位支付的现金净额		
支付其他与投资活动有关的现金		
投资活动现金流出小计		
投资活动产生的现金流量净额	−1,600,000	
三、筹资活动产生的现金流量		
吸收投资收到的现金	100,000	
取得借款收到的现金		
收到其他与筹资活动有关的现金	1,550,000	
筹资活动现金流入小计	1,650,000	
偿还债务支付的现金		
分配股利、利润或偿付利息支付的现金	600,000	
支付其他与筹资活动有关的现金		
筹资活动现金流出小计	600,000	

续表

项目	本期金额	上期金额
筹资活动产生的现金流量净额	1,050,000	
四、汇率变动对现金及现金等价物的影响		
五、现金及现金等价物净增加额		
加：期初现金及现金等价物余额		
六、期末现金及现金等价物余额		

【思考与练习】

ABC 公司总经理不能理解为什么公司在偿付当期债务方面存在困难，他注意到企业经营是不错的，因为销售收入不止翻了一番，而且公司 2018 年获得的利润为 690000 元。

要求：

（1）如何对总经理进行合理的解释？

（2）计算 2019 年偿债能力指标（流动比率、速动比率、现金比率、资产负债率、利息保障倍数、债务保障率）。

（3）计算 2019 年获利能力指标（资产收益率、所有者权益收益率）。

（4）计算 2019 年现金流量财务比率指标（现金股利保障倍数、营运指数）。

（5）针对 ABC 公司财务状况发表你的意见。

第六章　创新创业产品调研

第一节　市场调研基础

一、市场调研的概念

市场调研（Market Research）是一种把消费者及公共部门和市场联系起来的特定活动，其目的是识别和界定市场营销机会和问题，产生、改进和评价营销活动，监控营销绩效，增进对营销过程的理解。市场调研实际上是一项寻求市场与企业之间"共谐"的过程。市场营销的观念意味着消费者的需求应该予以满足，所以公司一定要了解消费者的需求，通过市场调研，倾听消费者的声音。当然，营销调研信息也包括除消费者之外的其他实体的信息。

二、市场调研的意义

市场调研对于创新创业来说十分重要。不做系统客观的市场调研与预测，仅凭经验或不够完备的信息，就做出种种创新创业的决策是非常危险的，也是十分落后的行为。

具体来看，市场调研对营销管理的重要性表现在五个方面：①提供作为决策基础的信息；②弥补信息不足的缺陷；③了解外部信息；④了解市场环境变化；⑤了解新的市场环境。

作为创新创业工程管理活动的先行环节，市场调研给消费者和潜在消费者提供一个表达自己意见的机会，使他们能够把自己对产品或服务的意见、想法及时反馈给企业或供应商。通过市场调研，能够让该产品的生产企业或提供服务的企业了解消费者对产品或服务质量的评价和期望。

三、市场调研的步骤与方法

创业前应该做前期的市场调查，才能了解市场的供求状况、现状及其发展趋势、经营模式和风险，通过市场调研制定相应的创业计划并实施创业。

市场调研，是指运用科学的方法，有目的地、系统地搜集、记录、整理有关市场营销的信息和资料，分析市场情况，了解市场现状及其发展趋势，为市场预测和营销决策提供客观的、正确的资料。

前期市场调研的方法和方式有很多，具体应该根据自己的实际情况、经营方向、初步计划及其他需要得到的信息，进行合理操作。市场调研的流程如图 6-1-1 所示。

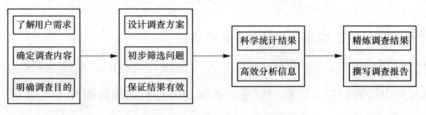

图 6-1-1　市场调研流程图

（一）确定调查内容、目的和要求

调查之前，应该明确调查的内容、目的和要求（图 6-1-2）。根据调查的对象，拟定需要了解的内容，定出调查的目标，然后有序合理地进行。

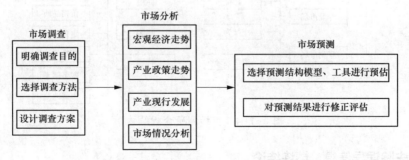

图 6-1-2　调查内容、目的和要求

（二）初步筛选问题，保证调查结果的有效性

确定调查目标和对象后，通过对问题进行整理分析，在保证准确、合理、科学的情况下，尽可能缩小调查范围，减少调查精力，同时保证调查结果的有效性。市场调研项目客群分布如图 6-1-3 所示。

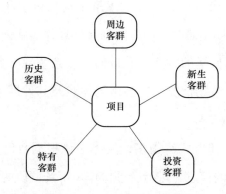

图 6-1-3　市场调研项目客群分布

（三）科学统计调查结果，高效分析调查信息

通过制定调查计划，运用科学的方法，根据预定的目的，系统地调查、搜集、记录、整理有关市场的信息、资料和情况。市场调研分析结构如图 6-1-4 所示。

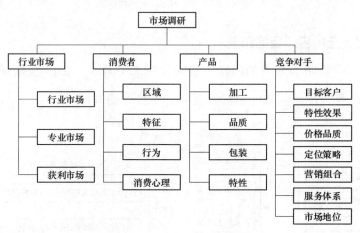

图 6-1-4　市场调研分析结构

（四）去除误导信息，精炼结论

当市场的信息、资料和情况收集完成后，要对市场的信息、资料和情况进行整理

和分析，检查调查资料准确性。在整理资料时，要剔除错误的信息，然后对资料分类整理统计，最后得出结论。

（五）市场调查、分析和预测之间的关系环节

在市场调查研究时，还要选择正确的方法（图6-1-5）。市场调查研究的方法有很多，主要有观察法、实验法、访问法和问卷法。

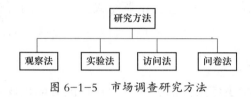

图 6-1-5 市场调查研究方法

1. 观察法

观察法是社会调查和市场调查研究的最基本的方法。它是由调查人员根据调查研究的对象，利用眼睛、耳朵等感官以直接观察的方式对其进行考察并搜集资料。例如，市场调查人员到被访问者的销售场所去观察商品的品牌及包装情况。观察法基本步骤如图6-1-6所示。

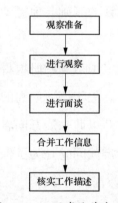

图 6-1-6 观察法基本步骤

2. 实验法

由调查人员依据调查的要求，用实验的方式，将调查的对象控制在特定的环境条件下，对其进行观察以获得相应的信息。控制对象可以是产品的价格、品质、包装等，在可控制的条件下观察市场现象，揭示在自然条件下不易发生的市场规律，这种方法主要用于市场销售实验和消费者使用实验。

3. 访问法

访问法可以分为结构式访问、无结构式访问和集体访问。

（1）结构式访问是事先设计好的、有一定结构的访问问卷的访问。调查人员要按照事先设计好的调查表或访问提纲进行访问，要以相同的提问方式和记录方式进行访问，提问的语气和态度也要尽可能地保持一致。

（2）无结构式访问没有统一问卷，由调查人员与被访问者进行自由交谈。它可以根据调查的内容，进行广泛的交流。例如，对商品的价格进行交谈，了解被调查者对价格的看法。

（3）集体访问是通过集体座谈的方式听取被访问者的想法，收集信息资料。集体访问可以分为专家集体访问和消费者集体访问。

4. 问卷法

问卷法是指通过设计调查问卷，获得所调查对象的信息。在一般的实地调查和网络市场调查中，问卷法采用最广。网络市场调查中运用也较为普遍。问卷调查的步骤如下：

（1）确立市场调研项目的目的。确立市场调研项目的目的是进行市场调研前的重要准备工作之一，也是调研问卷设计的基础与前提。这项工作因为有了公司初始的调研问卷，所以相对简单了很多。

（2）市场调研问卷的设计。确定了市场调研项目的目的后，接下来的工作就是围绕着调研目的进行调研问卷的设计。关于调研问卷的设计，一个关键问题是将整个调研工作分为定量与定性两个方面，并以此来展开问卷的设计。设计定量问卷是为了便于对整个调研项目进行分析；设计定性问卷是为了保证整个调研项目的方向与调研的深度，以及完成调研后对定量调研数据的再修订。

问卷的设计阶段应该是一个针对调研项目与调研目标实施头脑风暴的过程，要保证调研问卷设计的方向与内容的全面、客观。在调研问卷的设计环节，还要注意的一个问题，即整个调研问卷的设计必须以调研目标为核心设计调研架构，并以调研目标作为目录根，展开问题树，从而确立相关具体问题。

问卷设计一般要注意几个细节：问卷的内容不要太过繁杂，且应该给出大致的答案（即设置出备选项），以保证受调查者反馈的简易程度；定量问卷一般应该按照"五个维度"进行设计，例如针对品牌的影响力的调查，应该设定为强、较强、一般、较弱、弱五个维度。

（3）对调研人员的培训。对调研人员的培训是保证调研工作质量的关键。对于调研人员的培训一般应该包括两个方面的内容：一是调研的礼节，二是调研数据的统计注意事项。需要注意的是定量问卷不要有空项。

（4）调研数据的整理与分析。调研数据的整理与分析的关键是要注意两个方面的内容：一是将调研数据进行录入的过程中要保证数据录入的准确性；二是完成数据分析后的数据结论修订工作，此项工作需要根据定性调研结果进行数据评定，以保证调研分析的客观性。

第二节　技术调研方法

一、论文及专利调研的意义

（一）避免重复研究或走弯路

众所周知，科学技术的发展具有连续性和继承性，闭门造车只会重复别人的劳动或走弯路。例如，我国某研究所用了约十年时间研制成功"以镁代银"新工艺，满怀信心地去申请专利，却发现美国某公司早在 20 世纪 20 年代末就已经获得了这项工艺的专利，而该专利的说明书就收藏在当地的科技信息所。科学研究最忌讳重复，因为这是不必要的浪费。在研究工作中，任何一个课题从选题、试验到获得成果，每一个环节都离不开信息。研究人员在选题开始就必须进行信息检索，了解别人在该项目上已经做了哪些工作，哪些工作目前正在做，谁在做，进展情况如何等。这样，用户就可以在他人研究的基础上进行再创造，从而避免重复研究，少走或不走弯路。

（二）节省研究人员的时间

科学技术的迅猛发展加速了信息的增长，加重了用户搜集信息的负担。许多研究人员在承接某个课题之后，也意识到应该查找资料，却整天泡在图书馆进行信息普查，结果既浪费了许多时间，又没有查询到有价值的信息。信息检索是研究工作的基础和必要环节，成功的信息检索无疑会节省研究人员的大量时间，使其能用更多的时间和精力进行科学研究。

（三）快速获取新知识

德国柏林图书馆门前有这样一段话："这里是知识的宝库，你若掌握了它的钥匙，这里的全部知识都是属于你的。"这里所说的"钥匙"即是指信息检索的方法。在改革开放的今天，传统教育培养的知识型人才已满足不了改革环境下市场经济的需求。新形势要求培养的是能力型和创造型人才，而能力型和创造型人才首先需要具备自学能力和独立研究能力。通过学习，我们已经掌握了一定的基础知识和专业知识，但继续授之以鱼只能让其享用一时。如果掌握了信息检索的方法，便可以找到一条吸收和利用大量新知识的捷径，对未知世界进行探索。

二、论文调研方法介绍

当今，信息呈爆炸式增长，信息载体也发生了巨大的变化。除传统纸质信息外，每天都有大量的磁载体信息、电子版信息及各类网上信息涌现出来，这些浩如烟海的信息的多样性、离散性与无序性及其复杂的检索界面和使用方法，增加了信息利用的难度，极大地影响了人们获取信息的质量与效率。信息是促进社会经济、科学技术及人类生活向前发展的重要因素。在论文调研中，使用的数据资源也是十分丰富的，如图 6-2-1 所示。其中，较为常用的是中文期刊、电子图书、统计年鉴、外文期刊。

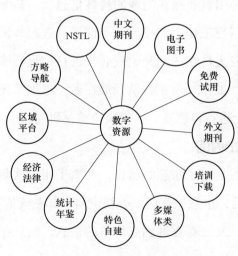

图 6-2-1　多种多样的数据库

多种多样的数据库及丰富的数据信息为调研工作带来好处，同时也使得调研工作变得更加复杂化，因此有效的调研方法显得尤为重要。文献查询基本流程如图6-2-2所示。

想清楚问题 ⇒ 列出检索条件 ⇒ 输入文献库 ⇒ 阅读文摘 ⇒ 定向查找全文

图6-2-2 文献查询基本流程

我国知网属于国家知识基础设施。国家知识基础设施（National Knowledge Infrastructure，NKI）的概念，由世界银行于1998年提出。CNKI（China National Knowledge Infrastructure，中国国家知识基础设施建设）工程是以实现全社会知识资源传播共享与增值利用为目标的信息化建设项目。下面以我国知网查询论文为例，为大家介绍论文调研的具体方法。

（1）搜索中国知网首页，点击中国知网官网，进入中国知网首页，输入账号密码，即可登录成功，如图6-2-3所示。

图6-2-3 中国知网首页

（2）点击"高级检索"按钮，进入"高级检索"界面（图6-2-4）。此外还有专业检索、作者发文检索、句子检索等检索方式。

图 6-2-4　高级检索页面

（3）点击输入检索条件中的"主题"下拉菜单，可以看到所有的检索条件，如图 6-2-5 所示。

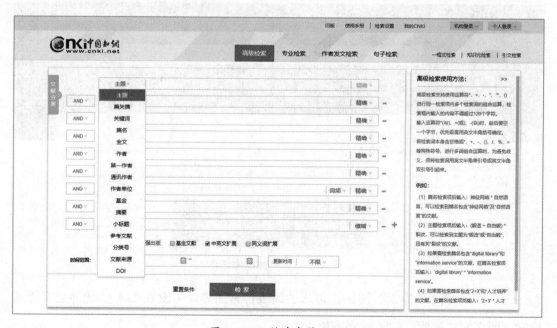

图 6-2-5　检索条件示例

（4）可以选择其中一个作为检索条件，也可以选择多个同时作为检索条件。以关键词为例，关键词可以是一个也可以两个，后面词频表示该关键词出现的次数。至于作者单位，如果知道可以填写，不知道则不必填写。

（5）可以检索到最新的文章，也可以检索年代比较久的文章，可根据个人的需求来选择，在此选择2010—2017年，如果知道文献来源和支持基金可以填写，不知道则不必填写。

（6）检索条件完成后，点击下方的"检索"按钮，便可以显示检索结果，如图6-2-6所示。

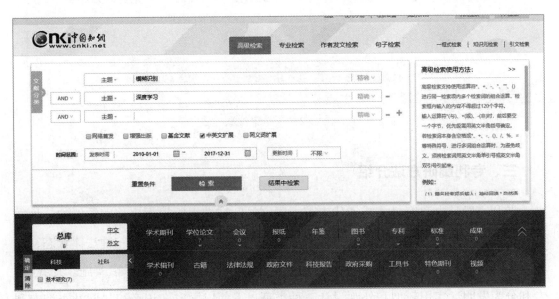

图6-2-6　检索示例

（7）根据摘要、对比被引用次数等，可以选择自己需要的论文进行下载，如图6-2-7所示。

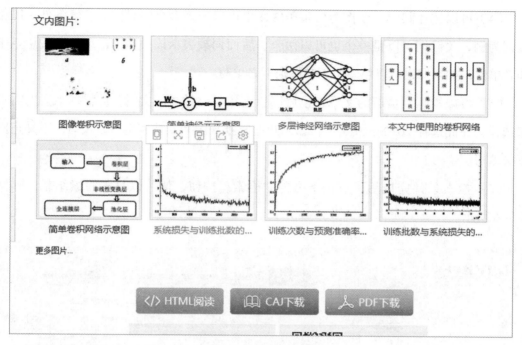

图 6-2-7　检索结果

三、专利调研方法介绍

专利一般是由政府机关或者代表若干国家的区域性组织根据申请而颁发的一种文件，这种文件记载了发明创造的内容，并且在一定时期内产生这样一种法律状态，即获得专利的发明创造在一般情况下他人只有经专利权人许可才能予以实施。在我国，专利分为发明、实用新型和外观设计三种类型。下面以国家知识产权局网站查询专利为例，为大家介绍专利调研的具体方法。

（1）登录国家知识产权局网站，如图 6-2-8 所示。

（2）点击"专利检索"，如图 6-2-9 所示。

图 6-2-8　国家知识产权局官网首页

图 6-2-9　专利检索

（3）进入"常规检索"界面，如图 6-2-10 所示。

（4）也可以进行"高级检索"，与常规检索相比，高级检索需要输入的资料多一些，如图 6-2-11 所示。

图 6-2-10　常规检索

图 6-2-11　高级检索

第三节　产品技术分析

随着世界技术竞争的日益激烈，各国企业纷纷开展技术战略研究，其核心正是论文及专利分析，即对专利说明书、专利公报中大量零碎的专利信息和论文信息进行分析、加工、组合，并利用统计学方法和技巧使这些信息转化为具有总揽全局及预测功能的竞争情报，从而为企业的技术，产品及服务开发中的决策提供参考。论文及专利分析能为企业发展其技术策略，评估竞争对手提供有用的情报。因此，论文及专利分析是企业战略与竞争分析中一种独特而实用的分析方法，是企业竞争情报常用分析方法之一。由此可见，掌握核心技术是创业的根基所在，在创新创业过程中，使用相关技术时，需要调研清楚各项技术的法律保护情况。

一、专利分析

（一）战略应用

技术是市场中占主导地位的竞争参数，论文及专利分析所针对的正是竞争性技术情报源，论文及专利分析的意义已被下列的战略应用广泛证实。

（1）技术竞争分析。通过分析竞争对手所拥有的全部专利或分析该技术领域的全部论文及专利，可以确定竞争对手的相对竞争地位及其相对的技术性竞争优势、劣势。

（2）整合S曲线分析。通过整合S曲线分析，可预测竞争对手的未来技术战略趋势。

（3）新风险评估。通过论文及专利分析确定竞争对手的优势及劣势后，公司可选择性买卖合适的专利技术，以辅助进行扩张和分散风险的决策。

（4）专利投资组合管理。通过论文及专利分析可以辅助决策专利许可、出售、联合风险开发等。

（5）研究与开发管理。专利分析可发现具有竞争力的先进技术，以优化自身研发项目。

（6）产品领域和市场监督。通过跟踪竞争对手的专利申请领域及范围等状况，可发现竞争对手的技术开发方向。

（7）兼并与收购分析。通过专利分析，可辅助兼并和收购的决策以增强公司的技术基础力，并减少技术威胁。

（8）价值链分析。可分析供应商与客户的专利活动情报，观察价值链中各个环节的潜在变化，辅助公司做出相应调整决策。

专利分析为企业的战略决策提供了广阔的应用前景。企业在进行专利分析时不断从专利数据中挖掘出更多有价值的竞争情报，通过多方面的战略应用为企业决策服务。

例如，20 世纪 80 年代进行的一项全球硫化钠电池产业的专利分析，通过对 1966~1982 年 284 件相关专利进行统计、组合、分析，在技术竞争分析中，统计出各公司专利申请的领域及专利的技术价值，发现在电解质、外观设计领域中 Ford、GE、Chloride Silent Power 三家企业申请的专利数量最多且平均被引用率相对较高，因而它们在这两个领域中技术竞争实力相对较强，是市场的主导。在进行新风险评估中，可以发现 Ford 与 Chloride Silent Power 两家企业间存在着技术优势的互补性，因而两家公司可以通过合作（如联合风险开发等）来取长补短，从而减少投资风险、增强自身竞争实力。同时，分析发现 GE 公司于 1982 年后退出了该技术领域，可将其相应的专利技术进行转让，相关企业可与 GE 公司协商来收购其有价值的专利技术。

（二）分析指标

多年来，人们不断摸索专利分析的方法并找寻更好的分析指标，目前分析方法及指标体系已日趋完善，能够较好地客观评价专利数据，充分挖掘其中的战略竞争情报，为企业战略决策带来有价值的参考。专利分析方法分为定量分析与定性分析两种。

1. 定量分析

定量分析又称统计分析，主要是通过专利文献的外表特征进行统计分析，也就是通过专利文献上所固有的标引项目来识别有关文献，然后对有关指标进行统计，最后用不同方法对有关数据的变化进行解释，以取得动态发展趋势方面的情报。

（1）统计的对象与角度。

1）统计对象一般是以专利件数为单位。

2）统计角度可包括专利分类、专利权人、国别等。

当按专利分类对专利信息进行统计时，根据各个领域内专利数量的多少，可得知哪些科技领域的发明行为较为活跃，哪种技术将得到突破，哪些是即将被淘汰的技术。

当按国别对专利信息进行统计时，可以发现被统计国家的科技发展战略及其在各个领域所处的地位。这种统计结果有助于人们了解某一时期各国科研和开发的重点。

当按专利权人对专利信息进行统计时，可以发现某个领域重要的技术拥有者，或者哪个公司在该领域具有重要地位。

（2）统计的主要指标。

1）专利数量。某一技术类别的专利数量可以用于衡量这一技术领域技术活动的水平，而某一公司或某专利权人历年申请的专利数量反映了其技术活动发生、发展的过程及发展趋势等。利用专利数量可以进行各国在不同时期、不同领域技术活动产出和谋求工业产权保护意向的比较。

2）同族专利数量。某一发明的同族专利数反映了这个公司专利申请地域的广度，也反映了此发明的潜在价值。由于需要翻译和专门的法律帮助等费用，在国外申请专利比在自己国家要昂贵得多，只有那些被公司认识到最有商业价值的发明才会在多国申请专利，以便保护今后的投资和产品输出的独占权。

3）专利被引次数。某一专利被后续专利引用的次数可以反映此专利的重要程度，因为一项重要的专利出现以后，会伴随出现大量的改进专利产生，这项重要专利会被改进专利重复引用。引用情况揭示了专利之间的联系，可用于跟踪对应于不同技术的专利网络，发现处于不同技术交叉点上的专利。

4）专利成长率。专利成长率测算的是专利数量成长随时间变化的百分率，可显现技术创新随时间的变化。例如，专利季成长率是将一企业于某季所获得的专利数量与前一季所获得的专利数量相比较，计算出该季所获专利较前一季增减幅度的百分比率。专利年成长率测算的是和上一年相比专利增长变化的百分比，用来衡量技术活动发展的变化状况。

5）科学关联性。科学关联性测算的是专利所引证的科研学术论文或研究报告数量，该指标衡量的是专利技术和前沿科学研究关系。科学关联性的数值具有产业依存性，如机械行业的科学关联性平均数值将近为零，而高科技生化产业可能高达15。

6）技术生命周期。技术生命周期测算的是企业的专利在其申请文件扉页中所引证专利技术年龄的平均数。因此，可以说技术生命周期是最新专利和最早专利之间的一段时间。如果技术生命周期较短，意味着正在着力研发一门相对较新的技术，而且这门技术发展创新的速度非常快。技术生命周期具有产业依存性，相对热门的产业技术周期较短，如电子类的为3~4年，而制药类的为8~9年，造船类的可能长达15年。

7）专利效率。专利效率测算的是一定的研发经费支出所创造的专利数量产出，此项指标用来评估企业在预定时间内专利数量产出的科研能力和成本效率。专利数量产出的越多，专利效率越高，则企业的技术研发能力越强。

8）专利实施率。一般的发明专利的实施要经过一个开发过程，而开发并不是都能成功的，有不少发明专利技术在开发过程中因技术难点解决不了或在现有技术条件下达不到预期效果，不得不半途而废或最终放弃。可以通过技术性能、经济效益、社会效益、市场因素、产业化开发和生产能力、宏观环境及产业化风险等多个角度对发明专利的实施进行衡量。专利实施率越高，则专利对于技术发展、技术创新做出的贡献越大，和技术发展结合得越紧密。我国的专利实施率仅仅维持于30%左右，远远低于欧美国家和日本的水平。

9）产业标准化指标。在跨产业横向比较时，产业之间的差异给不同产业之间的专利指标数值的比较带来了麻烦，为此需要使用产业标准化指标。产业标准化指标的数值是将一个企业的指标值除以企业所在产业该指标的平均值得出的。例如，在化学产业有30家企业，它们的科学关联性的平均数值为3.7，那么每一个化学企业科学关联性的标准指标值应该是通过各企业科学关联性的指标值除以3.7得到的。通过这种方式，可以消除不同产业所带来的不同影响，进而找出每个产业内表现较好的企业。

2. 定性分析

定性分析也称技术分析，是以专利的技术内容或专利的"质"来识别专利，并按技术特征来归并有关专利使其有序化。定性分析一般用来获得技术动向、企业动向、特定权利状况等方面的情况。可以从发明的用途、原理、材料、结构和方法五个方面来考虑重要专利的内容，并将重要专利按照内容的异同分类。如果专利内容以原理为主，说明这项技术尚未成熟；如果专利内容以用途的多样性为主，则说明技术已能实用。另外，将某技术领域各主要公司的专利按专利内容列表分析可以看出各公司的技术特色及开发重点；将有关专利按技术内容的异同分成各个专利群，对某一公司拥有的不同专利群或对不同时期专利群变化情况进行分析，可以对某项技术或产品发展过程中的关键问题、今后发展趋势及应用动向、与其他技术的关系等进行分析与预测。

由于涉及技术的具体内容，定性分析的工作比较繁重、复杂。至于用定量分析还是定性分析，应视所希望解决的问题和掌握的专利数据而定。事实上，经常需要将定性分析与定量分析结合起来才能达到好的效果。例如，可先通过定量分析确定哪些公司在某一技术领域占有技术优势（专利申请量或批准量可以反映技术活动水平），辨别这一技术领域的重要专利（某一专利被后续专利的引用数反映专利的重要性），后再针对这些公司的重要专利进行定性分析。

专利信息的定量分析与定性分析，一个是通过量的变化，一个是通过内在质的变化来反映技术的发展状况与发展趋势。两者既有区别，又存在必然的联系。量的分类需要根据质，质的体现又要通过量。因此在实际工作中，将两者配合使用会获得更好的效果。

专利分析的指标较多，利用不同的指标可以从不同角度客观评价专利数据。许多国外的专利咨询机构（如美国摩根研究与分析协会等）已分别各自建立了相对完备的分析指标体系，他们在分析中结合多个分析指标，综合评价专利数据。

与国外较成熟的专利分析方法及指标体系相比，国内对专利分析的重视度仍不够，利用较少，分析中对专利信息资源的加工程度较低。应该看到专利分析对企业的战略决策确实有着很好的辅助预测作用，因此国内开展专利分析应学习借鉴国外分析方法及指标，加深对专利信息的加工，建立专利引文等数据库，更好地发挥专利信息的价值，为企业战略竞争服务。

（三）专利分析方法

技术的不断发展及社会发展的需要，使越来越多的发明人通过申请专利保护自身利益，一份有效检索报告可以让想要进行创新创业的人有效避免在创业过程中侵犯别人专利权而不自知的情况。当然，申请自己的专利，使用法律的手段保护技术成果，构建坚固的专利壁垒是为创新创业保驾护航的利器。所以，有必要进行查询专利，但如何正确写一份专利调查报告呢？

西蒙·思涅克提到一个观点，就是一般人在解释事物时通常的思路是 what-how-why 模式，即先解释是什么、怎么做，最后再解释为什么做或者根本不进行解释为什么做。但是最能激励人心的思维方式往往是反过来的，也就是图 6-3-1 中同心圆的 why-how-what 模式，即开始先解释为什么做，接着解释怎么做，最后才说明做了什么。

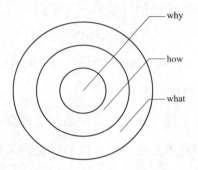

图 6-3-1　why-how-what 模式

1."why"

回答"why"可得到良好的专利分析结果和有价值的创业信息。这部分专利调查报告通常包括以下方面：

（1）了解行业的商家有哪些？哪些是威胁者？哪些是潜在的合作者？

（2）如果进入这个行业，存在的专利壁垒有哪些？如何绕开？

（3）如果要进入行业并进行专利布局，增加未来面对专利风险时的话语权（如交叉授权、和解）的话，应该围绕哪些点进行专利申请？

做专利分析报告的第一个原则是不要吝惜前期花费时间进行沟通，最好是能直接与一起创新创业的技术负责人面谈一次，把需求摸透。这一点非常重要，在后续专利报告的过程中，技术人员的参与至少能够保证分析项目不偏离轨道。

2．"how"

"how"即怎么去做。这一步尤为关键，扎扎实实做好专利查询才可以分析出有用的商业价值。

（1）专利检索。在充分摸清需求的前提下，接下来就要进行专利检索了。为了检索的完善和精准，需要先确定好大的检索方向，罗列一个如表6-3-1所列的检索要素表。

表 6-3-1　　　　　　　　　　　　　　检索要素

检索要素	技术用语		终端	领域	重点厂商
关键词	云／服务器	计算／处理	装置／设备／终端／手机／移动电话／计算机／电脑	电通信技术（H04）计算；推算；计数（G06）	微软、雅虎、亚马逊…
IPC 分类号	—	—	—	G06/H04	—

（2）检索范围的选择。在检索的过程中，最开始的范围可选择大一点，再逐渐缩小，一步步精准逼近实际想要涵盖的专利。

例如，在表6-3-1中，如果想分析的对象集中在终端，那就要适当加一些涉及终端的关键词进行限制。这样分析者还可以根据以上了解到的需求进行查缺补漏。例如，当了解到云计算中的商家不仅包括微软、雅虎、亚马逊，还包括华为时，可以加入华为作为分析对象（当然检索华为还要结合其他关键词），否则专利太多，筛选掉干扰（不相关）专利将是非常繁琐的。如果是一家专利数量较少的公司，此时可以仅以申请人名称作为检索对象。

（3）专利筛选及分类。专利筛选的目的是剔除干扰专利；专利分类的目的则是对专利列表中的专利进行分门别类，使后面的数据整理更有条理，分析结论精细化。

（4）专利确认。专利确认是要配合技术人员一块来做的，这一点非常重要，毕竟一般的研发部门比专利分析人员对技术要敏感得多。具体做的时候可以用 Excel 表把专利标记出来，见表6-2-3。

表 6-3-2　　　　　　　　　　专利确认

标题	一级标签	二级标签	是否关联（目前相关 / 未来）	改功能 / 技术是否重要	是否容易绕开
用于使在数码相机中的图像旋转的设备和方法	编辑	反转或缩放	未来关联	不重要	否
在连拍模式下拍摄的数字图像处理装置及其控制方法	拍摄	连拍 / 全景拍摄	未来关联	一般	是
用于在移动通信终端中提供地图服务和路径导向服务	相册	关联信息	目前关联	一般	是
用于存储照片和照片拍摄位置信息的移动通信终端	相册	关联信息	未来关联	一般	是
一种白平衡处理方法和视频设备	拍摄	白平衡	未来关联	一般	是

表 6-3-2 中，一级标签、二级标签是指技术、产品或功能分类，有时也可以按照产业链进行分类；是否关联是指专利所要保护的技术与公司正在做或规划要做的产品 / 技术是否存在相关性；是否重要是指专利所要保护的技术对应公司要做的产品是否重要；是否容易绕开是指专利所要保护的技术是否容易进行绕道设计（Design Around）。

3．"what"

"what"，即专利分析的结论部分，其通常包括如下内容：

（1）了解行业的商家有哪些？哪些是威胁者？哪些是潜在的合作者？如图 6-3-2 所示。

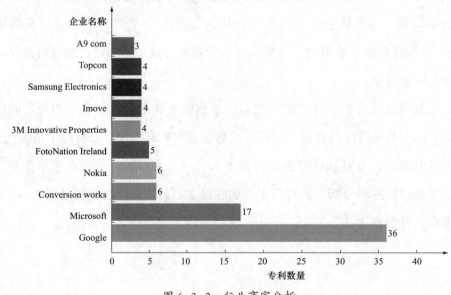

图 6-3-2　行业商家分析

由图 6-3-2 可知，Google、Microsoft 的专利数量较多，是后入者进入的拦路石；对于潜在的合作者，有可能是 Topcon 或 A9com（当然这个除了专利分析外，还要结合市场、运营情况来综合确定）。

（2）如果进入这个行业，存在的专利壁垒有哪些，如何绕开？如图 6-3-3 所示。

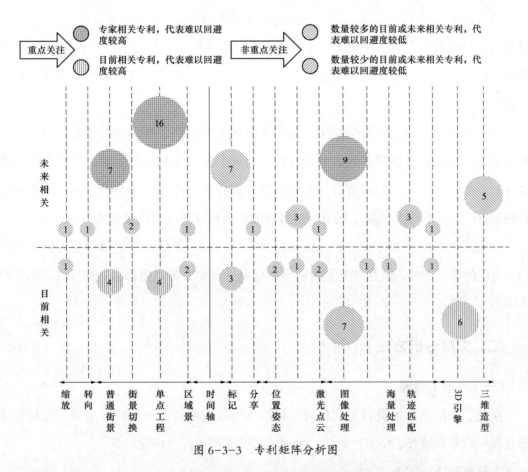

图 6-3-3 专利矩阵分析图

图 6-3-3 中，圆圈大小代表专利数量，深颜色代表高风险（避不开），浅颜色代表低风险（容易回避）。至于要如何绕开专利风险，这需要拿每件重点专利所主张的范围与公司的技术或产品规划进行一一比对，然后综合对比结果才能得出结论。例如，目前某公司有两件专利（同一天申请的一件实用新型专利及一件发明专利，其中实用新型专利已经授权，发明专利处于实审阶段），专业人员给出以下建议：①专利均涉及在感应器上加工阶梯状的连接器来分别容纳焊接和介电盖片，避免介电盖片与焊线相接触影响介电盖片的平整度，可以作为借鉴；②目前的专利通常是采用各向异性材料作

为介电盖片，建议可以采用非各向异性材料作为介电盖片；③可否考虑去掉介电盖片，让感应器直接裸露。

（3）如果要进入行业并进行专利布局，增加未来面对专利风险时的话语权的话，应该围绕哪些点进行专利申请？

可以画一张专利技术鱼骨图（也就是将专利数量与技术类别对应进行分析），可以看出主要商家的专利申请策略往往是集中在某几个特定的类别里，在其他的类别里，要么是商家不重视，要么是无暇顾及，所以后来者可以选择在这些边缘地带筑起自己的技术壁垒。

（4）对抗竞争对手的策略制定，主要考虑四个方面：①搜集相关证据，对风险专利提出无效宣告；②采用多种方式更改技术特征，重新规划设计方案；③综合考虑风险专利、专利权人、专利拥有量的关联程度，进行交叉许可；④全面考察风险专利的专利权人的经营状况及风险专利对企业自身的影响程度等，评估是否实施收并购。

在完成上面的专利分析之后，结合自身掌握的技术条件，在创新创业的路上选择构建自己的专利堡垒，还是绕开别人的专利壁垒，这些准备工作都会起到像灯塔那样的作用。

二、文献分析方法

（一）文献的整理

粗糙、杂乱的原始资料系统化可以揭示事物或现象的本质及内在规律。资料整理的过程一般分为检查、核实、修正、补充、分类编码、综合简化。

文献整理原则如下：

（1）条理化。整理文献和整理后的文献要有一定的时序，整理后的文献不能是散乱和杂乱无章的。

（2）系统化。文献整理要有一定的逻辑，整理后的文献之间要有一定的相关性，成为一个有机整体。

（3）简明化。要保证整理后的文献是最能够体现出研究主旨的，而不能眉毛胡子一把抓，使整理后的文献仍然很庞杂。

（二）文献的解读

文献的解读包括浏览、精读两个阶段。

1. 浏览

第一阶段是浏览，就是争取在短时间内能够简单了解整理好文献的基本内容和特点，不需要掌握、理解、记忆具体内容。

（1）浏览的目的：①了解具有阅读价值文献的全貌，确定这些文献对研究的价值和意义；②分辨出文献哪些部分的研究价值和意义较大。

（2）浏览的方法：阅读内容提要、文献的开头和结尾部分，当然最重要的是摘要。

2. 精读

第二阶段是精读，即理解性阅读，深入理解和掌握文献中对研究有价值和意义的内容，做出正确而客观的评价。

（1）精读的目的：是理解过程，也是概括和再次升华的过程。

（2）精读的方法：把文献内容同自己的研究课题结合起来，有效鉴别文献内容的可靠程度。

（三）文献分析

文献分析包括统计分析与理论分析。

（1）统计分析。统计分析主要是定量分析，主要采用的方法是统计方法、数理方法、模拟法。

（2）理论分析。理论分析主要是定性分析，包括逻辑分析、历史分析、比较分析、系统分析等，一般采用的方法是比较法和构造类型法。

这一部分与上面专利分析类似，不详细展开。

第四节　经典案例

一、行业背景

网络摄像机是一种结合传统摄像机与网络技术所产生的新一代摄像机，它可以将影像通过网络传至地球另一端，且远端的浏览者不需用任何专业软件，只要标准的网络浏览器（如 Microsoft IE 或 Netscape）即可监视其影像。

我国网络摄像机从 2000 年的市场萌芽阶段，到 2000—2004 年的初步发展阶段，再到 2004—2006 年的加速发展阶段，2007 年起迎来了快速发展时期，特别是 2012 年，整个产品市场呈现出前所未有的井喷式增长，近几年，高清网络摄像机一直保持高增长的态势。

二、客户背景及需求

客户为广东省某电子产品生产企业，有进入高清网络摄像机行业的意向，进行有关该产品的市场调研，并出具《2020—2025 年中国网络摄像机（高清）行业市场深度调研及中期发展预测报告》。报告要求符合下列要求：①了解该行业总体特点和发展趋势；②该产品的历年产销情况与未来市场预测；③该产品价格走势与市场预测；④了解该产品重点生产企业的产能、经销网络等；⑤了解该产品进出口情况。

三、华经纵横解决方案

针对客户需求，华经纵横提出如下解决方案。

1. 市场调查

市场调查包括以下几方面的调查：

（1）供给量调查。供给量调查主要包括供给市场调查、产品产量、企业集中度、地域产出结构、主要生产企业（包括企业产品构成、产品产销量、产品投放区域格局）等的调查。

（2）进出口情况调查。进出口情况调查主要包括进口产品结构、进口地域格局、进口量及进口金额，出口产品结构、出口地域格局、出口量及出口金额，关税政策以及贸易政策等进出口政策。

（3）需求情况调查。需求情况调查主要包括国内市场消费量的调查，重点城市消费情况的调查，细分产品消费状况的调查等。

（4）上下游市场调查。上下游市场调查主要包括上游原材料市场、下游安防市场的调查等，如原材料构成、主要原材料产销量及价格、主要原材料供应企业等。

2. 撰写报告

根据华经纵横网络摄像机（高清）项目组的调研及分析整理现有资料，最终形成了《2020—2025年中国网络摄像机（高清）行业市场深度调研及中期发展预测报告》，并阐明了华经纵横的主要观点和结论，针对性地提出相关建议和策略。

四、客户反馈及总体评价

公司经过广泛搜集资料，访问业内人士，同时结合自身的数据积累，由资深电子行业分析师亲自操刀，撰写报告。

报告对客户重点关注的国内外生产企业及重点消费城市进行了详细的调查，在现有市场发展情况的分析基础上，对行业的发展前景做出了合理预测，从宏观、中观和微观层面分析了行业发展面临的问题，并分别给出了合理建议。

经由客户审阅，完全契合其要求，对该报告给予高度评价。

五、项目参考文献

（1）华经纵横企业及行业资料库。

（2）国务院发展研究中心资料。

（3）国家统计局资料。

（4）中国产业竞争情报网。

（5）各企业调研资料。

【思考与练习】

（1）市场调查研究方法有哪些？

（2）市场实地调查有哪些方法？

（3）文献整理原则有哪些？

第七章 创新创业商业计划书撰写

第一节 商业计划书撰写基础

一、商业计划书基本概念

商业计划书（Business Plan, BP），是一份全方位描述企业发展的文件，同时也是企业梳理战略、规划发展、总结经验、挖掘机会的案头文件。商业计划书是公司、企业或项目单位为了达到招商融资和其他发展目标，在经过前期对项目科学的调研、分析、搜集与整理有关资料的基础上，根据一定的格式和内容的具体要求而编辑整理的一个向投资者全面展示公司和项目目前状况、未来发展潜力的书面材料。一份完备的作为资金敲门砖的商业计划书不仅是企业实现跨越式发展的重要条件，还是企业融资过程中不可缺少的文件，是企业成功融资的关键因素。

商业计划书通常是以书面的形式全面描述企业所从事的业务。商业计划书要详尽地介绍一个公司的产品服务、生产工艺、市场和客户、营销策略、人力资源、组织架构、对基础设施和供给的需求、融资需求，以及资源和资金的利用。

对于需要融资需求金融支持的风险企业，商业计划书就是企业的名片简历。而简历做得好不好直接关系到每月都会收到几百份商业计划书的风险投资家是否有兴趣继续读下去。所以出色的商业计划书是可以获得投资交易的先决条件，每一家企业在融资和征集投资时都应该在商业计划书的写作上多琢磨、多花精力，以期得到最大的收益和认可赞同，获得令人满意的效果。

通常来说，一家企业要完成一份商业计划书的撰写，企业内部会提供各种详细数据。对于一些要求很高的专业投资机构来说，完成商业计划书的写作仅仅是个开始而已，还需要对一些深层次的问题和关键点重点描述、字字斟酌，以求不会造成某方面的忽略和曲解。

二、商业计划书撰写的前提准备

怎样才能写好一份完美的商业计划书呢？完成一份成功的商业计划书需要什么前提准备呢？俗话说："兵马未动，粮草先行。"撰写商业计划书时应该至少做到下面几点。

（一）了解产品和本身的优势

对企业有一个清楚的了解和定位是关键。应该对企业研发生产的产品目前处于什么样的发展阶段和产品的独特性了如指掌，这样才能保证在商业计划书里提供所有与企业或者服务有关的内容及所实施的所有调查包括企业分销产品的方法、产品的生产成本和售价及产品更新换代的进程和计划等。这样才能使投资者明确体会到产品及其属性的定义，使他们相信企业的产品会在市场上产生革命性的影响，拥有美好的发展前景，获得他们对产品的认可。做到和投资者统一战线，这样投资者才会和风险企业家一样对产品有兴趣和信心。

（二）了解竞争者

正所谓知己知彼，百战不殆。每个行业都有竞争和赛跑，优胜劣汰的自然法则无论何时都适用。所以，认真细致地分析和调研竞争对手的情况就很有必要。分析和调研竞争对手包括竞争对手都是谁？他们的产品如何？优势何在？他们的产品和本企业的产品有何异同？竞争对手的营销策略是什么？这就要求细致调研每家竞争者的销售额、毛利润、收入和所占市场份额。这是与投资者洽谈的基础，利用具体可信服的数据向投资者展示本企业相对于其他竞争者所具有的竞争优势，向他们分析顾客偏爱本企业的原因，如产品创新性、定位定价合理、质量上乘、送货快捷等。阐明竞争企业对本企业所带来的风险及详细的应对措施，使他们相信本企业不仅是行业中的有力竞争者，而且将来有可能是所在行业中的佼佼者。

（三）调研市场

市场是关键，没有市场，再好的产品没有销路也形同废品。市场一直是所有企业的兵家必争之地，重要性自然不必描述。对市场进行深入的分析和理解，细致地了解选择购买本产品的每个消费者的年龄、职业、所处的地理位置甚至消费者心理因素等。这些因素相互独立而又联合起来对消费者的购买力产生影响。针对于此，企业可以制定一份营销计划，计划中应包括并完整列出本企业在广告、促销、公共关系、活动地区的安排、预算及收益。另外，还需要阐明本企业的销售战略，如企业使用的是外面的销售代表还是内部职员？企业使用的是转卖商、分销商还是特许商？企业可以提供什么类型的销售培训？特别是销售中的细枝末节问题更应该得到关注和放大。

（四）了解企业的管理团队

管理层是一家企业的核心，是一家企业的司令部，管理层所发布的每一条指令都会对整个企业的运转和发展产生至关重要的影响。判断一个企业能否做大做强的标准为是否有一支强大有力的管理团队，这支团队的成员必须有较高的专业技术知识、管理才能和丰富的工作经验。要向投资者展示出企业的管理层的实力，让他们对管理层的能力放心，对管理层充满信心。管理者的职能是计划、组织、控制和指导公司实现目标的行动。因此，应该掌握公司的管理目标和组织机构，并尽可能详细了解每位管理人员的才能、特点、造诣及可以对企业做的贡献。

（五）明确企业的行动安排

每家企业都有自己的工作规划和安排，企业的管理者除了解工作规划与安排外，还应该深入了解以下基本核心问题：企业生产需要什么原料？这些原料从何而来？企业拥有什么生产资源？还需要什么生产资源？企业的生产设备是租还是买？设备的成本是多少？如何设计生产线？如何组装产品？如何把成品推向市场？只有明白这些基础的问题，才能向投资者解释与产品组装、存储及发送有关的固定成本和变动成本的情况，从而描绘出一幅令人信服的宏伟蓝图。

综上所述，这些是撰写商业计划书的先决条件和知识储备，只有对以上所提的五条前提条件做到心中有数后，才可以正式开始起草商业计划书，起草商业计划书与创业本身一样是一个复杂的系统工程，不但要对行业、市场进行充分研究，还要有很好的文字功底。对于一个发展中的企业而言，商业计划书既是寻找投资的必备材料，也是企业对自身现状及未来发展战略所进行的全面思索和重新定位的过程。

三、撰写商业计划书的原则

撰写前应该明确起草商业计划书的几条重要原则和需要注意的问题。

（一）商业计划书面向的对象

首先要清楚商业计划书的写作目的和第一要义，商业计划书是写给风险投资者来看的，如今无论大小企业都充分理解商业计划书对企业的重要性，但是有的企业会遗漏一点，即商业计划书起到融资的作用只是它所应该发挥作用的一部分，商业计划书也能指导企业的发展和前进。实际上，与其说是商业计划书是写给投资风险者的，倒不如说是写给企业自己的。很多企业单方面以为商业计划书的写作只需迎合风险投资者的胃口，投其所好就可以手到擒来地拿到投资，这是错误的观点。如果仅仅是为了写给投资者看，那么这份计划书就缺少了根基，经不起任何深入研究和推敲。一份合格的商业计划书一定是在寻找到风险投资之后，可以按照计划书上的内容进行顺利实施的。

（二）商业计划书的写作目的

商业计划书的写作是企业对自身经营情况和能力的综合总结和展望，是企业全方位战略定位和战术执行能力的体现。融资只不过是促使企业写作商业计划书的一个影响要素。善于思考和总结的好企业，即使不融资，也会经常按商业计划书的模式和要点来反思自身的经营情况，从而提高企业的综合素质。所以，严肃的商业计划书写作绝不能糊弄投资人。

（三）商业计划书的核心内容

撰写商业计划书要有条理，要重点介绍企业而不拘泥于具体的商业项目。失败的商业计划书花大篇幅去介绍一种单一的技术、项目或业务，而全面介绍企业的部分却很少。而投资者更看重的是一个企业的整体实力而不是通过某个项目或者技术所取得的阶段性成果。所以，商业计划书的核心内容是企业的整体经营，而不是具体项目或技术，只有这样才能作为成功的商业计划书从而达到融资的目的。撰写成功的商业计划书要从投资者的角度去思考，做到既简洁又突出要点，通过对投资者关注的重点做具体的描述，让他们在对融资的项目有一个比较具体了解的同时也对项目的实际运作有一个更清晰的认识。

（四）商业计划书的具体内容

商业计划书的具体内容要按计划书的基本格式和提纲来写，通过读一份商业计划书，要让投资者明白企业要做什么，以及让企业的核心团队怎么做来达到既定的目标。通常我们见到的商业计划书并没有把企业的核心竞争力、核心团队和运营理念表现出来，而是着重去描述企业的产品与技术。一份成功的商业书会很注重内容的整体性，而不是材料的简单堆砌，要让投资者从这份商业计划书中读出企业的核心价值。

（五）商业计划书的内容和形式

商业计划书规范与否主要体现在内容、形式等方面。虽然商业计划书的格式还没有任何一个组织做出统一的要求，但是商业计划书里面所必须涉及的内容已经得到了大家的统一认可。商业计划书一定要有提纲和概要，它作为整个商业计划书的精华，是打动投资者的关键环节，一定要认真对待，仔细撰写。我们读一本书的时候往往会先读这本书的序言和简介，然后才会决定这本书值不值得去读，提纲和概要就类似一本书里的序言和简介。同样的道理，许多投资者决定是否要看全文，得先看了商业计划书的概要部分之后才会做决定，所以这部分很重要。提纲部分可以帮助撰写人理清思路，明确内容，掌控全局，是写作过程中重要的行为指导。

（六）商业计划书的写作态度

为了吸引投资者的兴趣，一些企业在处理商业计划书的财务和融资部分时，会虚张声势，随意夸大项目，放大融资金额，夸大实际利润。

从专业的投资机构的角度看，他们很容易就能发现企业财务数据的漏洞和对资金的需求实情，这样在投资者眼里，这些企业就缺乏了合作的基本前提，也就是诚信，导致他们对企业的怀疑和不信任。所以，随便编造数据，漫天要价是企业在撰写商业计划书时的大忌。

（七）商业计划书的叙述要求

一份完美成功的商业计划书必须要合理且完整地表达风险投资者最关心的四个方

面的诉求，即独特性、管理团队、财务规划、资金撤回方式。首先独特性很关键，独特性指出的是公司从管理、产品、服务和工艺等方面介绍公司拥有的专有技术或专利情况或具有的其他特别的、与众不同的特色，对此应该有一个清晰的认识和定位；而风险投资成功的关键因素是管理团队，换句话说，投资者宁愿选择二流的设备加一流的管理人才，也不愿选择一流的设备加二流的管理人才；财务规划是第三个关键因素，因为一家企业的长远发展离不开一份切实可行的规划；资金撤回方式是投资者决定是否投资时的一个至关重要的因素，下文会重点展开阐述。

四、撰写商业计划书其他关键技巧

（一）不能忽视团队中他人的贡献

莎士比亚说："一千个读者中有一千个哈姆雷特。"在撰写商业计划书的过程中，每个人都会有自己的观点和看法，其中不乏创新的闪光点。众人拾柴火焰高，经常不定期地召开研讨会，互相交流各自的进度和看法，将会对整个团队中的每个人都有所启发，这样一来商业计划书的撰写将会更加轻松。团队讲求凝聚力和合作共赢，每个人都做好自己的分内之事，为团队发展做出贡献。

（二）找到"致命痛点"

企业家撰写商业计划书的根本目的就是希望能获得启动资金，如果商业计划书缺乏独特性，尤其是在目标市场和财务运作上缺乏自己的独特风格，那么就很有可能一无所获。商业计划书应该浓墨重彩地突出关键性内容，如果允许的话，最好应该把跟企业利益相关的那些人，如银行家、代理律师、会计等的看法都反映出来，他们有着敏锐的感知力和丰富的经验，很轻易地就能发现问题的所在和整个环节的"致命痛点"。

（三）团队上下最好意见达成一致

若企业已经打算着手开展新的业务，但合伙人对某个新产品或服务等方面产生了意见分歧，最好先停止行动，直到发现问题所在并解决了分歧之后再开始。

（四）及时向专家请教

商业计划书的撰写并不总是一帆风顺的，如果商业计划书的撰写陷入僵局可以通过两大类专家获得外部帮助。有些专家是流程的推进者、策略高手、管理咨询者，他们可以帮助我们更好地完成计划书；另外一些专家可以提供法律、金融、市场和其他类型的专业咨询。

五、撰写商业计划书的指导思想

撰写商业计划书主要包括三个基本指导思想，即为客户创造价值、为投资者提供回报、为企业提供指导运行的管理工具。

（一）为客户创造价值

世界著名发明大王爱迪生曾经说过，他从来不发明卖不出去的东西。企业家和发明家的成功依靠的因素包括：①所受教育；②自己或他人的工作经验；③个人的聪明才智和爱好；④对市场的敏锐洞察和深入了解。其中，对市场的敏锐洞察和深入了解是决定产品能否进入市场并获得成功的最重要的因素。而无论是做工程项目还是投资商业环境，丰富消费者价值是企业应该首先做到的，也是基本职责所在。令客户信任和满意是工程项目和商业活动业务的重心，所以在理念上必须把客户的价值需求放在首位，了解客户，倾听客户，尊重客户的偏好，并同客户建立一种稳定、彼此信任、能经受住考验的长期战略性关系。

如果要保证为顾客创造最大的价值，就要确认好产品或服务的功能和特点与市场分析所反映的顾客需求相一致，否则企业有必要对产品或服务进行调整、改进；有产品就有服务，有服务也就有产品，产品与服务相辅相成，不能相互分割，只要把这两者结合起来才能创造出更大的顾客价值；此外产品的设计也不能一劳永逸，而应该随时注意市场发展的动态，不断根据顾客需求的改变而及时做出调整和改进；新产品的研发要有创新性和预见性，等主打产品进入衰退期才被动改进只能意味着落伍和失败。

企业要时刻牢记以顾客为导向来制定营销计划，以顾客对产品服务所感受的价值为基础来制定价格，也要顾及下游经销商的利益，给他们留下充足的利润空间才能激励他们更加努力推销产品；广告战略要突出产品满足顾客价值的能力；可以考虑分期付款等促销方式；分销渠道战略也要以顾客价值为根据，尽量减少分销的层次，并为顾客购买提供便利；品牌的定位和培育不能偏离顾客对产品所感受的价值。

基于以上分析，企业在创造自身价值的同时，一定要考虑到为客户创造价值。在撰写商业计划书时，要在市场及行业分析、产品或服务、市场营销等方面渗透为顾客创造价值的观念，这样才有利于企业获利。

（二）为投资者提供回报

投资回报是指风险投资者预期可获得的回报。马克思运用唯物史观剖析了资本主义社会，不仅发现了剩余价值产生的秘密，揭示了资本主义社会的内在本质，还揭示了商品经济发展和社会化生产的一般规律。资本向来是天生逐利的，风险资本投资回报率的要求则更高。一份不为投资者提供回报的商业计划书根本不会获得投资者的认可，因此在撰写商业计划书时要时刻为增加投资者的收益着想。管理团队对于企业至关重要，它们同样也与投资者的回报关系最为密切。

企业在构思商业计划书时，要充分考虑到这一点，组建一支有战斗力的管理队伍。企业管理的好坏直接决定了企业经营风险的大小。而高素质的管理人员和良好的组织结构是一家管理严谨的企业的重要保证，风险投资者应该多注重对管理队伍的评估，进而促使企业挑选知识结构、年龄结构合适，有丰富的、成功的从业经验的诚信可靠的人士组建管理团队。这样也是企业向投资者负责，在充分传达了重视其投资利益的信号基础上，增强风险投资者的信心，使他们对其所做的决定放心。

管理团队组建原则中最忌讳的一点是内部人员暗箱操纵。一个任人唯亲的管理团队是很难让人放心的，是极其不专业的。企业的管理人员应该是互补型的，而且要有团队精神，每个企业都必须要具备负责产品设计与开发、市场营销、生产作业管理、企业理财等方面的专业人才。在对创业企业的资产（含有形资产和无形资产）进行价值评估后，在投资额已经固定的条件下，风险投资者根据自己的出资额确定投资所获得的股权，占有的股权越多对投资者越有优势。所以，提高投资者的股权是增加投资者投资回报的基本方式。另外，也可以给予投资者优惠的融资条件，如签订更优惠的优先股条款等。正所谓是"吃小亏赚大便宜"，虽然这样看来是让出了自身利益，但为了得到宝贵的创业资金，这样做还是很有必要的。优化企业的经营管理无疑能够提高投资者的投资回报，所以商业计划书的经营管理部分给予充分重视，系统整理企业的经营管理模式、主要管理人员所具有的能力及其在本企业中的职务和责任等信息。设立创新的制度，保障创业企业的运营，在激烈的市场竞争中以管理优势超过同行获胜，归集到一点就在于先进性，因此可以借鉴一些国内外前沿的创新管理模式。

对风险投资者的投资回报影响较大的还有资金撤回方式，这也自然成为投资者关注的焦点。一个具有创新管理的企业必须选择能让投资者得到最大投资回报的资金撤回方式。一般来说，企业公开上市发行股票能够带给股东最大的回报，因此选择上市作为资金撤回方式也逐渐成为企业家的首选。但一家企业做到真正公开上市是非常不容易的，因为其不但要求企业有良好的经营业绩，还要求有适宜的外部环境，如成熟的创业板市场、股市行情看好等，所以商业计划书还应该提出其他一些次优选择。总之，要让风险投资者觉得商业计划书里面的建议条例科学合理，让他们觉得如果按照建议的资金撤回方式，他们的投资权益可以得到相当程度的保障，在可接受的范围内可调控投资风险，甚至可以人为地把风险降到最低。综上所述，商业计划书在撰写的过程中要在以上方面体现出为投资者提供回报的观念来打动投资者，使投资者相信能够增加投资收益，从而可以放心地为企业家提供足够的资金援助。

（三）为企业提供指导运行的管理工具

撰写商业计划书不仅仅是给风险投资者看的，更重要的是它还充当着一份创新企业的纲领性文件。商业计划书一方面从战略的高度指明了企业发展的方向、途径和目标，另一方面还细化到企业管理的每一个主要领域，规定了企业具体操作的方式和步骤。一份典型的商业计划书应该涉及企业经营管理的各个方面，囊括创业计划的业务内容、行业分析、管理团队、生产、市场营销、研发、财务分析、风险控制及风险投资的资金撤回等内容。换句话说，商业计划书是一个工具，可以帮助指导企业正常运转和长期运行的管理。在撰写商业计划书的过程中一定要结合企业的实际情况，将企业的发展战略决策与企业的各项管理规程和任务融合起来，增强商业计划书的可操作性，使之真正可以指导企业运行。编制商业计划书的过程，是企业家理清思路的过程，它使企业家越来越明确应该做什么，怎样做，怎样才能把它做好。要做好指导企业经营管理的工作，在商业计划书撰写过程中，应该多注意下面几点。

1.详尽的市场及行业分析

行业是由所有提供相似产品或服务的企业，以及与这些企业密切相关的其他企业、供应系统和销售系统等共同组成的一个产业系统。例如，生产纺织品的企业，既可以属于纺织产业，也可以属于材料科学行业。在商业计划书中，很难面面俱到地详细分析所从属的所有领域，但是至少明确所从属的主要经济领域的过去发展情况和对未来的预测。着重研究这几个相关的交叉行业，就可以找出对企业发展前进影响最大的问题。

一家合格的企业必须明确自己与其他企业的相同之处和不同之处，对自己所在的行业有一个清醒深刻的认识和了解，这样可以更深入地找到影响企业成功的因素。企业是行业中的一个部分，行业的变化必然影响企业的发展。市场总是处于变动之中，为了生存和发展，企业在经营过程中必须密切注视市场的动态，不断地进行市场调查和行业分析。一些很难获得的具体信息，在商业计划书中，可以根据同行业大公司的情况对所归属的行业规模和增长率进行大致的估计，一般大公司都有自己的网站，可以通过互联网收集信息，如年度报告。收集大公司的年度报告还可以学习许多有用的东西，如组织结构、管理方式、财务管理、产品开发、市场分析等。把通过各种渠道收集到的信息经过整理后填入表格，有助于撰写商业计划书。

了解市场的真实状况，据此制定应对措施及发展战略。商业计划书中的行业分析虽然仅是分析企业创业之初的市场情况，但为了能够为后续的经营提供参考，也应该按规范的市场调研程序及要求来做，使分析的数据充分可信，为创业战略的制定奠定可靠的基础。

2. 行业的发展和经济大环境

有些行业明显地依赖于国家或国际的经济情况，当整个经济不景气时人们很难认识到行业的脆弱性。那些依赖于其他企业才能生存的企业，如办公用品、技术设备等在经济危机时也必然会受到冲击。但是有些企业则正好相反，它们的发展逆经济危机周期变化而变化，越是发生经济危机时生意越好。例如，专门从事企业破产的律师行业，越是经济危机，生意越是兴隆。有些行业对经济循环有很强的抵抗力，受经济危机影响很小，如廉价娱乐业、必需消费品、食品行业等。企业要认识到自己对其他企业的依赖性，如企业位于一个明显依赖于某一个产业或某一个大企业的小社区，当经济循环影响到这个产业或这个大企业时必然会涉及自己。

3. 高效的市场营销策略

市场营销历来是商家角力的关键所在。找不到顾客就不能生存是企业经营的最基本原则。好的市场计划就是要能够接近顾客，激发顾客的购买欲望，最终把顾客的购买欲望变成购买现实。一旦定义企业的目标市场之后，就要估计其规模和发展趋势，分析竞争对手的情况，探查市场和制定销售策略。投资者认为在进行市场渗透时应该把一个大市场进行区隔，有目的地制定市场销售策略。成功的企业大多是市场营销的好手，营销成败的影响在产品进入市场之初就能立即感觉到，低效的营销会对企业的现金流造成巨大压力，从而触发企业经营危机。华而不实的营销计划会浪费大量的营销资金，所以一定要脚踏实地去做商业计划书的市场营销战略，要与自身的资源和市场现状结合起来。市场是一步一个脚印做出来的，不是光有口号和计划就行。在设计市场策略时最好聘请市场顾问、广告代理人、公共关系顾问等方面的专家一同参与设计，他们可以根据专业方面的背景帮助企业突出重点，提高效率。一些常见的并且有着良好反馈的市场策略包括：

（1）投放商业广告。广告是十分有效的传播工具，应该确保广告可以正确地传达给真正的顾客，传达到企业的目标市场。

（2）建立固定客户。对消耗性产品，可以建立一个固定的销售基础或附加产品、服务，保证他们能不断从企业购买产品或服务。

（3）提供技术转让。企业可以采用向某一地区的企业提供有偿技术转让的方式，促进该地区企业的发展，从而达到多销售自己产品或服务的目的。

（4）发放许可证书。许多经营状况良好、信誉卓著的企业通过让别的公司使用其名字、商标等方式，迅速扩大市场占有率。特许经营企业用自己的品牌、信誉、优秀的经营方式等，以发放许可证的方式占领市场。

（5）建立经销渠道。企业可以自己建立经销渠道，也可以通过与现有的销售网络建立经销关系，由经销商帮助推销产品或服务。

（6）建立产业联盟。建立联盟是许多生产类似产品的企业联手进入市场的一种好方法。

第二节 商业计划书的撰写

通俗来说，商业计划书就是向别人推销东西的建议书，它以赚钱为首要目的，时刻暗示怎样让投资者和创业者都能赚到钱。商业计划书有相对固定的格式，它包括反映投资者感兴趣的内容，如企业成长经历、产品服务、市场营销、管理团队、股权结构、组织人事、财务、运营、融资方案。只有内容翔实、数据丰富、体系完整、装订精致的商业计划书才能吸引投资者。商业计划书的质量对项目融资至关重要，让他们看懂项目商业运作计划，才能使融资需求得到满足。通常，商业计划书应涵盖以下内容。

一、摘要

摘要列在商业计划书的最前面，它是浓缩了的商业计划书的精华。摘要涵盖了计划的要点，以便读者能在最短的时间内评审计划并做出初步判断。好的摘要能够回答这是什么产品，谁来制造它，为什么人们会买等问题。因此，摘要的重点是讲清楚公司介绍，主要产品、业务范围、市场概况、营销策略、销售计划、生产管理计划、管理者及其组织、财务计划、资金需求状况等。摘要是投资者首先看到的部分，是投资者对企业和商业计划书产生良好印象的第一关键点，所以它应该既完整又一目了然，使投资者产生对企业评估的兴趣。另外，摘要要尽量简明、生动。

在撰写摘要时，应该注意的事项如下：

（1）总结提炼摘要。摘要部分是商业计划书的总结，在动笔写摘要之前，应先对整个商业计划书的主体部分进行通读，在反复阅读几遍主体文章的基础上，提炼出整个计划书的精华所在，然后再开始动笔撰写摘要部分。

（2）确定阅读对象。首先应确定商业计划书是写给谁看的？针对不同的用处有不同的侧重点，因此撰写摘要部分时一定要有针对性。如银行等投资者通常对企业以前的成功业绩感兴趣，而投资公司则通常对新技术感兴趣。所以，在撰写摘要之前要先对投资者做一番调查研究，然后重点突出投资者最感兴趣的方面。

（3）文字通俗易懂。撰写摘要时一定要文笔流畅生动且尽量写得通俗易懂。创业者最常见的一种错误是喜欢用一种教导式的口吻去写，这会引起投资人的反感，特别是并无太多实质性内容的摘要，常常会让他们早早地产生抗拒心理，也就失去了继续看下去的必要。

（4）严谨校对段落。在完成商业计划书之后，一定要先自己检查有无错别字等，有错别字是硬伤，如果被投资人发现，他们会潜意识里觉得这是家不认真负责的公司，留下不好的印象。

根据不同企业的不同情况，常用的摘要格式有两种，即提纲性摘要和叙述性摘要。

（一）提纲性摘要

提纲性摘要结构简单，开门见山，内容单刀直入，让人一目了然，能够让投资者立即了解需要投资的企业和项目，是一般被广泛采用的形式。提纲性摘要的基本格式是用简短明晰的语言摘选出商业计划书每章中的重点。每一个方面的描述不要超过三句话，只阐述与企业和项目关系最密切和给人印象最深刻的部分。提纲性摘要一般应包括的内容如下：

（1）有关企业的描述：主要包括企业名称、企业类型、地点、法律形式（股份公司、个人公司、合伙人公司等）、企业成立的时间，项目所包括的产品或服务已经进行的时间等。

（2）产品和服务：列出已经销售或要销售的产品或服务项目。

（3）目标市场：列出将进入市场的产品，选择这个市场的原因，同时还要提供市场调查研究和分析的结果，以及简单介绍与产品有关的市场竞争情况、主要竞争对手和各自的市场划分和市场占有率等。

（4）销售策略：主要侧重于叙述产品进入目标市场的方式，企业宣传的方式，以及销售方式。

（5）竞争优势和特点：阐述产品能够在市场竞争中获得成功，列举任何可以代表产品或服务的优势，如专利、独特的生产工艺、与用户签订的意向性信件等。

（6）优良的经营管理：简述企业管理队伍的经验和能力，特别是企业的创始人和主要决策人的有关情况。

（7）财务状况：未来1~3年的预期销售额和利润。

（8）企业的长期发展目标：企业未来五年的发展计划，如员工总人数、销售队伍建设情况、分支机构数目、市场占有率、销售额、利润率等。

（9）寻求资金数额：项目需要资金总数、资金来源、筹集资金方式，以及投资者如何得到报酬等。

（二）叙述性摘要

叙述性摘要如同给投资者讲述一个动听的故事。叙述性摘要特别适用于需要语言描述的新产品、新市场、新技术等。叙述性摘要适用于有良好历史或背景的企业。其目的是调动投资者对企业的情绪，使投资者对企业和项目感到兴奋。叙述性摘要具有明显的人性化特点，其没有统一的格式，主要应包括的内容如下：

（1）企业及产品基本情况：简单描述企业的组织结构、发展计划、法律形式、地点、企业目标、企业背景、产品开发情况、产品和服务特点等。

（2）市场情况：简述目标市场、市场发展趋势、市场需要（特别是阐述清楚为什么市场需要你的产品或服务）、市场分析结果、市场竞争、市场开放情况。

（3）竞争优势和特点：列举任何可以表现公司产品或服务的优势，如专利等。如果是新的企业，还要列举影响自己进入市场的障碍。

（4）管理队伍的情况：描述企业管理团队的主要成员的经历和能力，特别是过去的成功经验。

（5）未来的阶段性计划：列出每个阶段的发展目标和如何达到目标的方法和日期，包括销售额、利润、市场占有率、员工人数、分支机构数目等。

（6）财务情况：介绍资金来源，投资者如何得到回报等。

二、企业的现状及未来

企业的现状及未来应包括一些关键问题，这些关键问题的描述将有助于风险投资者了解企业。例如，同样的商业模式或者产品都已经问世，该项目的创新点在哪里？差异化在哪里？最后为什么是我们做？独创性强调指出公司的与众不同之处，应介绍公司拥有的专有技术或专利情况让投资者心悦诚服。企业资料的主要内容如下：

（1）企业简介，包括企业名称、地址、电话号码、联系人等，并用简练的语言介绍公司的概况，简要介绍公司从事的业务情况。

（2）企业的发展进程，如产品什么时间上市，什么时间实现盈亏持平，什么时间开始盈利等。

（3）展望公司的未来，按时间次序列出公司的计划。

（4）产品（服务）介绍：对产品（服务）进行准确详细的说明，包括产品的价格、产品定价的依据、产品的功能特性及具有的竞争优势（独特性）、产品的商标及专利，要阐述获得专利的原因，并附上有关资料。

（5）市场状况：引用权威分析机构的报告，或者运用自己的判断，预测目标市场未来几年的发展趋势，包括市场规模的趋势、服务模式的变化、市场格局的变化等。如果该市场本身是一个正在高速发展的增量市场，那对企业来说就是很大的利好消息，因为公司的增长最好来自市场本身的增长，而非抢占竞争对手的份额，后者的难度要大得多。如果该市场是一个正在变化中的市场，那么要证明自己的产品或服务模式正好契合了这种变化趋势，抓住了时机。如果能证明公司有机会成为市场中的支配者，投资者一定很感兴趣。

（6）销售情况，包括销售额数据，如本期销售额数据多少，是否正常，并与上年度同期数据进行分析；回款数据金额，如本期回款金额多少，是否符合要求，销售的产品构成中，产品种类的销售数据如何。另外，还应介绍按照销售区域来看，哪些区域有异常变化；按照销售客户来说，哪些客户有较大幅度的增长，哪些客户有较大幅度的减少；按照销售人员来分析，哪些销售人员销售业绩增长显著，哪些下滑严重；和竞争对手同期相比较，我们做得怎么样；分析销售费用的变化和金额，以及在销售额中所占比例。

（7）生产制造情况：公司所拥有的房地产或是租用的办公室和厂房（具体描述工厂占地面积及价值）。产品制造和技术设备现状、新产品投产计划、技术提升和设备更新的要求、质量控制和质量改进计划。在寻求资金的过程中，为了提高企业在投资前的评估价值，生产制造计划应尽量详细、可靠。一般地，生产制造计划应回答以下问题：企业生产制造所需的厂房、设备情况如何；怎样保证新产品在进入规模生产时的稳定性和可靠性；设备的引进和安装情况，谁是供应商；生产线的设计与产品组装是怎样的；供货者的前置期和资源的需求量；生产周期标准的制定以及生产作业计划的编制；物料需求计划及其保证措施；质量控制的方法是怎样的等。

（8）列出企业所投保险的种类或计划保险的种类（只需列出对公司运作有重要意义的保险种类）。

（9）陈述公司纳税情况。

三、公司的管理团队

许多企业在商业计划书中用了大量的篇幅来介绍企业的管理团队，但通常都流于形式，并没有深刻体现公司的主要管理人员的行业经验和能力，更没有一个对团队的总体表述。投资者关注的不仅是团队中每个人的能力和作用，更看重整体的能力，即在主要领导的行业经验、资源、特长及分工的介绍基础上，更要看到团队人员的能力互补和充分信任。因此，在介绍团队的时候，企业应首先把团队以一个整体的面貌对外展现，而不是单独突出创始人、董事长或总经理；其次，在介绍每个人的时候，要着重突出其行业经验及目前在企业当中的职能和作用，体现其能力和价值；最后，团队成员之间在年龄、经验、背景、专业等方面最好有所差异，这样的结构通常能为企业的发展提供更好的能力基础。值得一提的是，许多企业喜欢将业务顾问（不管是紧密型的还是挂名型的）写进管理团队介绍，这些顾问大多有很高的行业地位、学术地位或领导地位。但是对投资者来说，这样的介绍并不能直接提升对企业管理团队的能力认知，因为顾问的水平再高、名气再大，如果没有能够全面地融入企业的日常业务，或者有比较牢固的合作方式和途径，也无法给企业带来价值。

21世纪最重要的资源是人才。人才的素质直接决定了企业能否成功，即人才是企业经营的心脏，是决定企业成败的第一因素。投资者在决定投资项目时，重点是看企业的人员素质情况，特别是管理层人员的素质、经历、技术、人格等。所以，应先列出公司的核心成员（包括所有的董事成员、高级职员及关键雇员）的一览表，要具体详细到每个人的姓名、职务、年龄及背景资料，并概括介绍3~4位关键管理人员的简历，包括他们的专长和经营理念。投资者不仅要看主要管理人员是否有足够的经验和能力，还要看企业的内部组织结构是否可以充分发挥管理层的才能。在撰写商业计划书时，要在企业管理层部分多下功夫，认真评价企业内部的人事情况，分析优缺点，突出企业主要领导者的情况，向投资者展示企业内部良好的组织结构。良好的企业运作机制可以充分发挥每个员工的积极性，特别是可以充分发挥管理层成员的管理优势。在准备有关企业管理部分的内容时，应该把重点集中在两个方面：第一，企业管理的主要领导人员的情况；第二，企业的管理结构和管理风格。

在介绍管理层时，应该考虑以下人员，如主要领导人、董事会和顾问委员会、管理结构、管理风格。

（一）主要领导人

通常，企业最重要的人物是企业的创始人，因此要在商业计划书中详细描述他们的经验和能力。

在介绍主要领导人的情况时，要尽可能限制对无关因素的描述，突出与本项目有关的内容。介绍领导人员数目时，一般不要超过五个人，并且要把需要介绍的人员集中在负责企业长期发展的人员身上。在商业计划书中，要对这些人物进行具体描述。由于篇幅的限制，可以把这些人的简历放在附录部分。在具体介绍这些人员时，可以从以下几个方面入手：特别强调与现在职位有直接关系的经验及过去做出的成绩，如负责过什么项目，解决过什么问题，做过什么计划等。如果学历与现任职务有直接关系，则需要对其学历进行介绍。描述主要领导人员在企业管理方面的优势，在介绍企业主要领导成员的优点时，也可以适当介绍一些有待改进的弱点，这样更可以增加可信度。

（二）董事会和顾问委员会

投资者一般要了解董事会成员的组成和各自的投资比例情况。在商业计划书中，可以通过表格列出董事会成员和他们在企业的投资情况，以及他们的专业背景。此外，有许多专业人士为企业的发展提供了许多有价值的服务，他们具有专业知识，对企业的发展发挥着重要的作用。商业计划书中，应该对这些对企业有特殊价值的人员进行简短的描述，重点介绍他们对企业的作用。

一个企业应该聘请以下专业人员作为编外顾问：①律师；②财务顾问；③管理顾问；④市场销售顾问；⑤设计顾问；⑥产业专家。在聘请外部顾问和专家时需要建立专家管理档案。档案内容主要包括个人或机构名称，有关个人或机构的简单介绍，他们擅长的领域，他们的主要客户（特别是那些成功的企业），企业需要他们的原因等。

商业计划书中，需列出公司的股权结构，包括股东姓名及股份比例。企业的组织结构和管理风格决定企业的工作环境和企业的未来，寻找资金的企业有必要对自己的组织结构和管理结构，如机构设置、人员设置、员工职责等方面进行重新审查，检查企业是否达到最佳运转状态。在介绍管理结构和管理风格时，撰写者应该侧重于如何管理企业，如何做决定，权力如何使用等。同时，还要介绍如何创造良好的企业文化，想让员工对企业有什么样的感觉，当企业制定目标或政策时员工有什么反馈等。

（三）管理结构

在商业计划书中需要用一定的笔墨介绍企业如何发挥人力资源的优势。在撰写管理机构时需要考虑以下一些问题：①责任应该如何划分；②经理有哪些职责和权限，哪些经理应该负责哪些员工；③产品或服务是通过生产线还是团队作业完成；每个员工是负责一部分工作，还是一组员工负责许多工作。

可以通过两个图表组织结构的关系来介绍管理结构，一个图表显示责任，另一个图表显示管理关系。另外，还可以用一点文字对每个图表进行简单的描述。

图表中至少应包括下列人员：①企业的决策人，包括总裁、首席执行官、总经理、常务副总裁，以及分公司或分支机构的第一把手；②负责生产的主管，包括主管生产的厂长、技术科长、总工程师，以及主管生产的副总裁、技术总监等；③负责商场和销售的主要领导，包括主管销售的副总裁、销售科长、销售总监等；④负责人事和负责培训的负责人，包括人力资源部部长及相关人员等；⑤负责研究和开发的负责人，包括研究和发展部总监、研究室主任、企业发展部部长、首席科学家等；⑥其他参与企业经营决策的人员。

四、财务规划

财务规划需要花费较多的精力来进行具体分析，其中包括现金流量表、资产负债表及利润表的制备。流动资金是企业的生命线，因此企业在初创或扩张时，对流动资金需要有预先周详的计划和进行过程中的严格控制；资产负债表则反映在某一时刻的企业状况，投资者可以用资产负债表中的数据得到的比率指标来衡量企业的经营状况及可能的投资回报率；损益表反映的是企业的盈利状况，它是企业在一段时间运作后的经营结果。

财务规划一般要包括以下内容：①商业计划书的条件假设；②预计的资产负债表、预计的利润表、现金收支分析、资金的来源和使用。

企业的财务规划应保证和商业计划书的假设相一致。事实上，财务规划和企业的生产计划、人力资源计划、营销计划等都是密不可分的。要完成财务规划，必须要明确下列问题：①产品在每一个期间的发出量；②产品线扩张的时间；③每件产品的生产费用；④每件产品的定价；⑤分销渠道，预期的成本和利润；⑥雇佣人员类型，雇佣，工资预算。

五、潜在的风险因素

列出所有可能的风险因素，并对存在的不足及是否可以规避详加说明。

（一）技术风险

技术风险的种类很多，其主要类型是技术不足风险、技术开发风险、技术保护风险、技术使用风险、技术取得和转让风险。具体到企业来说，技术风险主要是技术寿命风险，如今科学技术飞速发展，企业所拥有的技术如果不加以创新改进可能在很短的时间内就被更高级的技术所取代，这样一来将会极大地增加投资风险。

（二）市场风险

市场风险是指未来市场价格（利率、汇率、股票价格和商品价格）的不确定性对企业实现其既定目标的不利影响。市场风险可以分为利率风险、汇率风险、股票价格风险和商品价格风险，这些市场因素可能直接对企业产生影响，也可能是通过对其竞争者、供应商或消费者间接对企业产生影响。市场风险是新技术产业化过程受阻或者失败的主要风险。对于企业来讲，主要是前期对新产品的宣传没有做到位，导致消费者对于新产品抱着怀疑的态度，新产品没有得到消费者认可，相应地就会造成消费者对产品的接受度降低。在如今快节奏的生活方式的趋势下，新产品的上市周期变短，直接影响企业的资金回笼，使企业的生产停顿甚至破产，这对于创新性企业来说是致命的。

（三）财务风险

财务风险是指公司财务结构不合理、融资不当使公司可能丧失偿债能力而导致投资者预期收益下降的风险。财务风险是企业在财务管理过程中必须面对的一个现实问题，财务风险是客观存在的，企业管理者只有采取有效措施来降低财务风险，而不可能完全消除财务风险。在一家企业做大做强不断前进发展过程中，基础需求和对创新的要求会呈现指数增加，相应需要的资金也会迅猛增加，如果这个时候没有任何渠道能获得足够的资金支持，企业就会停滞不前，难以支撑甚至倒闭。

（四）管理风险

管理风险是指管理运作过程中因信息不对称、管理不善、判断失误等影响管理的水平。管理风险具体体现在构成管理体系的每个细节上，可以分为四部分，即管理者的素质、组织结构因素、企业文化因素、管理过程因素。若管理出现问题，将会给企业与管理者造成无法挽回的损失。管理风险也是风险投资的核心风险之一，而管理者的素质因素引起的管理风险又是其中最核心、最致命的因素，因为管理原因而造成投资失败，对于风险投资者来说是最不可原谅的。管理者包括单个的个人和群体的管理层。管理者个人素质包括品德、知识水平和能力三方面。品德是推动管理者行为的主导力量，决定其工作愿望和努力程度及外界对他的价值评价，影响着人际关系，对管理效果和效率有直接影响。技术创新对中小企业而言是一项艰难的活动，一方面管理者的任务更艰巨，另一方面参与创新的人员需要多方面激励。知识水平体现在管理者对创新过程的理解和进行组织管理上，影响着他与创新人员交流和沟通。能力反映管理者干好本职工作的本领，包括应具备的心理特征和适当的工作方式。

亨利·法约尔依据不同规模的企业状况对管理者应具备的基本能力结构进行分析研究的结果表明：相对于大型企业，中小企业领导者在技术能力、商业能力上要求更高，中小企业领导者是技术创新的发动机，往往更多地直接参与创新过程；作为能力的另一因素，管理者的创新意识直接决定着整个企业的创新发展。

管理层的素质主要是指管理者年龄、知识、能力的结构搭配及互补；在中小企业发展和上升时期，管理层应注重中青年创造锐意进取的气氛，对企业技术创新持积极的态度。

六、投资回报及资金撤回

投资回报是指风险投资者预期可获得的回报。资金撤回通常有三种方式，即公开上市（即公司公开向公众出售股票）、出售（即被大公司收购）、回购（即按约定的方式，由公司自己购回风险资本家的股份）。

一般情况下，风险投资属于权益性投资，风险投资的行业性质决定了它有一定的投资年限，超过这个年限后，无论项目成功与否，风险投资都会退出。基于此，风险投资者会相当重视资金撤回。另外，资金撤回涉及风险投资者与创业者之间的利益要害，也是联系两者关系的基础纽带，能不能完美地解决这个问题事关重大，所以创业企业风险投资退出方案的设计必须兼顾各方利益。

七、商业计划书的包装

一份精心制作的商业计划书是得到风险投资者注意的第一步，因此在制作商业计划书时，需要着重做到以下几点。

1. 封面

商业计划书的封面最好采用引人注目的颜色，最好采用质地优良、厚实的纸张。这种封面会使投资者产生强烈的阅读欲望。

2. 装订

装订精美的商业计划书会赢得投资者的青睐。

3. 字体的风格

不能使用通常的字体风格，字体应该轮廓分明，易于辨认。需要注意的是，千万不能呈送手写的商业计划书。

4. 图和照片

字不如表，表不如图，在撰写商业计划书时应尽量使内容数据化，让人一目了然。

5. 复印件

使用高品质的复印纸，每页都应该字迹清晰，干净整洁。复印件的四周都应有适当的留白，以便阅读者有足够的地方做注释。

6. 其他注意事项

商业计划书撰写完成后，需要再做一个总体的检查，主要有以下几个方面：

（1）商业计划书是否显示出已经认真地进行过市场分析。

（2）商业计划书所做的描述是否通俗易懂，应该保证信息流是有逻辑和现实的。

（3）商业计划书中的摘要是否已经被放在了最前面，且要保证摘要部分引人入胜。

（4）商业计划书在文法上是否全部正确，并且保证没有错别字。

（5）商业计划书能否打消投资者的一切顾虑，需要的话最好做一个产品模型。

（6）商业计划书能否显示出本企业丰富的管理经验。

（7）准备不同形式的商业计划书，常见的如 Word、PDF、PPT、思维导图。PPT 是最为常见的商业计划书形式，建议多采用这种形式，但注意文件不要太大，最好控制在 12 页左右。

（8）如果是 Word 和 PDF 形式的商业计划书，其页码为 20~40 页即可。

第三节　经典案例

哔哩哔哩（bilibili，简称 B 站）早期是一个 ACG（动画、漫画、游戏）内容创作与分享的视频网站，是一个涵盖 7000 多个兴趣圈层的多元文化社区，现为我国年轻一代高度聚集的文化社区和视频平台。2018 年 3 月 28 日，B 站在美国纳斯达克上市，其路演 PPT 堪称经典，值得学习借鉴，下面对其每一页的内容做一个品鉴和简要分析以供大家参考学习。

PPT 整体使用蓝色系灰度与浓度配色法，注重层次，目的导向清晰（见图 7-3-1）。

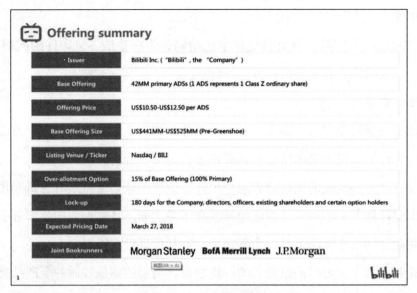

图 7-3-1　PPT 整体风格设计

　　图片风格简洁大方，整齐统一；人物职称横向居中对齐，确保高度感一致；选择统一的商务照（见图 7-3-2）；拉开文字阅读层次（姓名、职称、较详细的介绍）。

图 7-3-2　管理团队介绍设计

项目简介简洁明了，并用了几个关键数据作为辅证，项目有关的有效信息让人一目了然（见图7-3-3）。

图 7-3-3　项目简介展示设计

左侧概念，右侧数据，相辅相成，为其结论提供了有力的证明（见图7-3-4）。

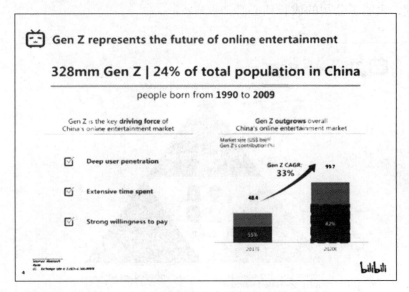

图 7-3-4　概念与数据相辅相成的展示设计

　　充分的数据列举及趋势分析（见图 7-3-5），直截了当地告诉投资者 B 站是一家能赚钱并且一直在不断前进的企业，值得投资。

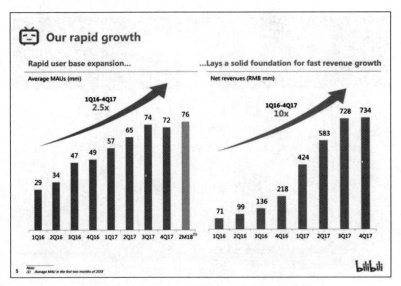

图 7-3-5　数据列举及趋势分析展示设计

　　用户创作的各类内容呈三角形稳定结构（见图 7-3-6），这突出说明公司具有稳定的内容基础，表明了公司的成长信心。

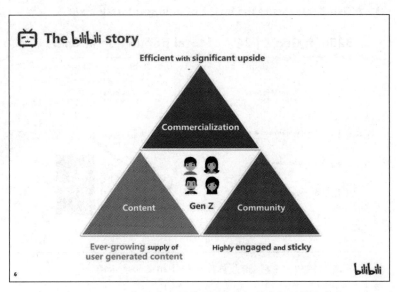

图 7-3-6　三角形稳定结构展示设计（用户创作内容）

业务范围呈现行星似的分布（见图 7-3-7），形象地表明了 B 站的业务具有高延伸性，业务范围也不断拓宽。

图 7-3-7　业务范围展示设计

利用实际案例支撑上述论点，但本页杂乱，干扰信息太多（见图 7-3-8）。

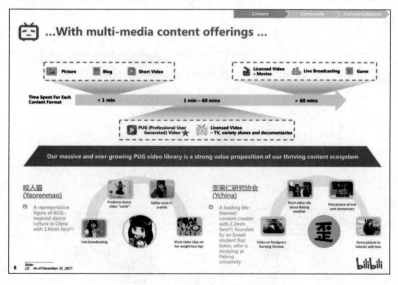

图 7-3-8　实际案例展示设计

用贴片的表达形式清晰明了地告诉大家，公司在维系用户方面做了大量努力，也取得了不菲的成绩和效果（见图 7-3-9）。

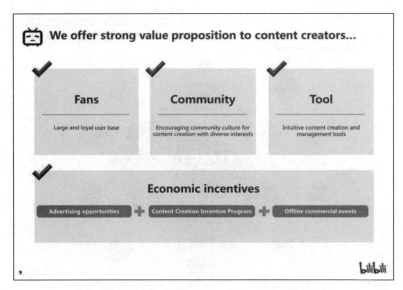

图 7-3-9　贴片表达展示设计（维系用户方面）

视觉效果斐然，比起大段文字来描述自己的商业模式和可增长性，使用循环架构更加清晰明了地表达了闭环和可增长性（见图 7-3-10）。因此，建议大家多用流程图、循环结构来进行表述。

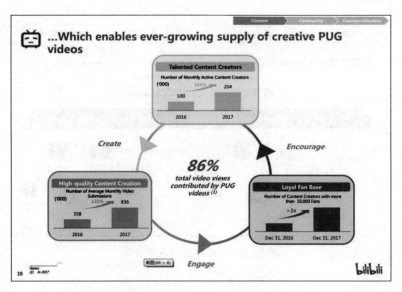

图 7-3-10　循环结构流程图展示设计（PUG 视频供应不断增加）

　　界面展示设计合理得当，有意将所有高亮位置的注释集中到中间区，提高阅读性（见图 7-3-11）。

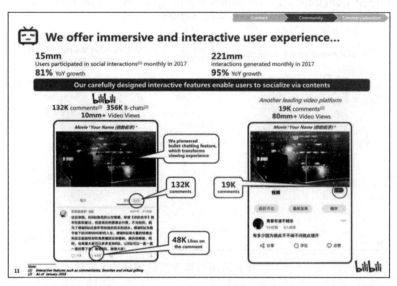

图 7-3-11　重点突出的界面展示设计

　　用一种特殊的复合曲线图设计，意在表现虽然时期不同，但用户都很忠诚（见图 7-3-12）。

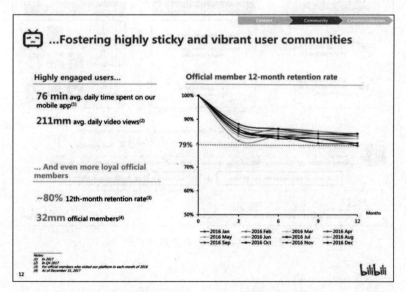

图 7-3-12　复合曲线图展示设计（培育黏度高、活跃性强的用户社区）

用户需求与服务提供对应设计，清晰展示，其核心竞争力（见图 7-3-13）。

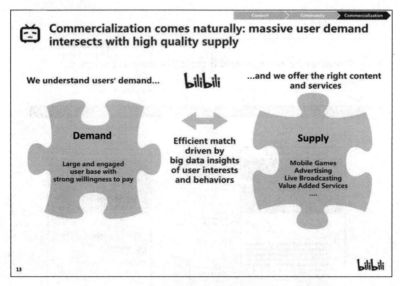

图 7-3-13　用户需求与服务提供对应展示设计

展示主营业务，画面逻辑清晰，高亮数据明确（见图 7-3-14）。

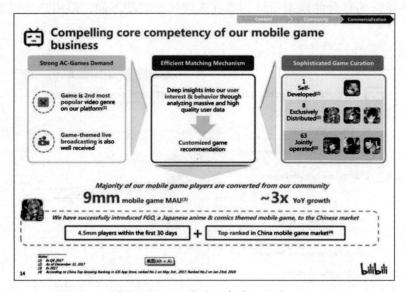

图 7-3-14　主营业务展示设计

分析公司巨大的商业化潜力，关键字靠前高亮，达到视觉统一（见图 7-3-15）。

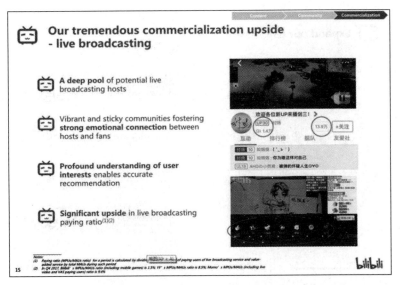

图 7-3-15　关键字高亮展示设计（巨大的商业化潜力）

发展战略采用常见的四象限设计，画面简洁清晰（见图 7-3-16）。先拓展用户再提升商业化，合乎逻辑。

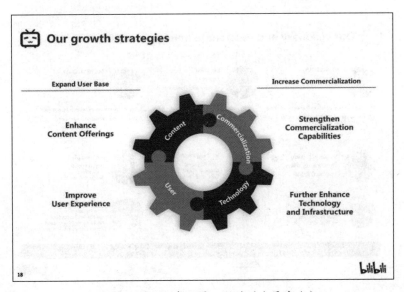

图 7-3-16　四象限展示设计（发展战略）

采用嵌套数据图，让人一目了然（见图 7-3-17）。

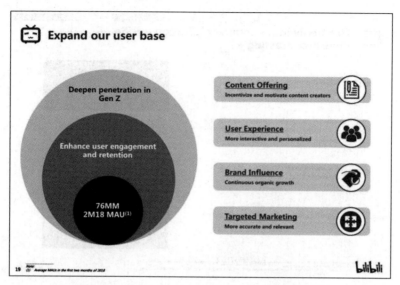

图 7-3-17　嵌套数据图展示设计（拓展用户群）

对于人物照片，大图矩形小图圆形是行业设计通则（见图 7-3-18）。突出核心团队中每个人的履历（尤其表达其在大公司的工作经历）、能力与岗位的高匹配度。

图 7-3-18　管理团队介绍展示设计

采用不同的色块来设计财务说明，清晰明了（见图 7-3-19）。

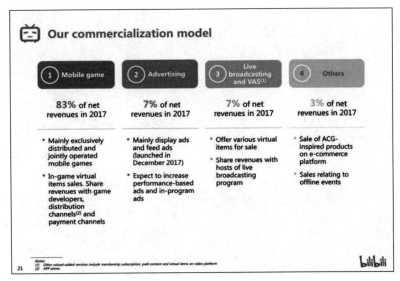

图 7-3-19　色块设计财务说明

清晰明了地让投资者看到利润率增长的迅速程度（见图 7-3-20）。

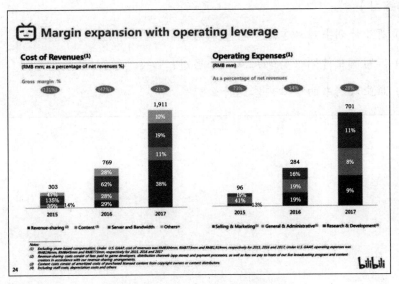

图 7-3-20　利润率展示设计

结尾图片带有企业的大 LOGO，简洁却不失大方（见图 7-3-21）。

图 7-3-21　结尾图片展示设计

【思考与练习】

（1）商业计划书应该包括哪些基本内容？

（2）撰写商业计划书有哪几点指导思想？

（3）商业计划书的核心内容是什么？

参考文献

[1] 周辉. 产品研发管理：构建世界一流的产品研发管理体系 [M]. 北京：电子工业出版社，2012.

[2] 吴建国，冀勇庆. 华为的世界 [M]. 北京：中信出版社，2006.

[3] 迈克尔·E.麦格拉思. 培思的力量：产品及周期优化法在产品开发中的应用 [M]. 徐智群，朱战备，等，译. 上海：上海科学技术出版社，2004.

[4] 琳达·哥乔斯. 产品经理的第一本书 [M]. 代维侬，译. 北京：中国财政经济出版社，2004.

[5] 李丹. 企业研发管理的现状及分析 [J]. 商业经济，2011，（24）：49-50

[6] 许亮亮. 企业研发管理体系重塑 [D]. 北京：首都经济贸易大学，2008.

[7] 李作学，魏利峰. 研发管理关键点精益设计 [M]. 北京：人民邮电出版社，2016.

[8] 司澜. 汽车企业精益生产管理体系研究及应用 [D]. 重庆：重庆大学，2006.

[9] 崔世娟，陈良猷. 制造业生产管理技术发展历程的探究 [J]. 科技与管理，2004，（1）：28-30，40.

[10] 程仁丰，王燕. 基于精益生产的航空制造企业生产管理研究 [J]. 品牌，2015，（1）：120-120，122.

[11] 史晓峰. 5S 管理在 H 公司的应用研究 [D]. 苏州：苏州大学，2016.

[12] 张建民，吴奇志，林丽. 现代企业生产运营管理 [M]. 北京：机械工业出版社，2013.

[13] 丁文英，冯爱兰，赵宁. 现代生产管理 [M]. 北京：冶金工业出版社，2008.

[14] 彭宇. 智能化小区电力营销项目管理模式研究 [D]. 保定：华北电力大学，2013.

[15] 张超. 项目管理在企业新品上市营销中的应用研究 [D]. 昆明：昆明理工大学，2013.

[16] 陈佑成. 企业营销项目化管理应用研究 [D]. 泉州：华侨大学，2011.

[17] 孙忠文. 基于客户信用的供电营销项目管理 [D]. 北京：华北电力大学，2007.

[18] 张云起. 营销风险形成机理与预警控制研究 [D]. 天津：天津大学，2005.

[19] 陈维政，余凯成，程文文. 人力资源管理 [M]. 大连：大连理工大学出版社，2006.

[20] 刘翼生. 企业经营战略 [M]. 北京：清华大学出版社，1995.

[21] 余凯成. 组织行为学 [M]. 大连：大连理工大学出版社，2008.

[22] 王滟，等. 决胜中层：中层主管的 18 项修炼 [M]. 北京：中国物资出版社，2009.

[23] 吴甘霖，邓小兰. 做最好的中层 [M]. 北京：北京大学出版社，2007.

[24] 章岩. 赢在中层：中层带队伍的执行力法则 [M]. 北京：台海出版社，2009.

[25] 栾春娟. 专利文献计量分析与专利发展模式研究：以数字信息传输技术为例 [D]. 大连：大连理工大学，2008.

[26] 周颖，孙秀峰. 项目投融资决策 [M]. 北京：清华大学出版社，2010.

[27] 威廉 R 拉舍. 财务管理实务 [M]. 陈国欣，等，译. 北京：北京大学出版社，2004.

[28] 范松成. 强化工程全过程财务管理有效降低项目投资成本 [J]. 中国总会计师，2011（11）：126–127.

[29] 黄晓斌，张欢庆. 我国情报学高被引论文分析 [J]. 情报科学，2018，36（1）：54–60.

[30] 陈育文. 财务管理助推企业发展：保利科技有限公司财务管理工作纪实 [J]. 中国总会计师，2009（5）：42–43.

[31] 刘芳. 全面检索现有技术为企业发展保驾护航 [J]. 情报探索，2011（9）：88-90.

[32] 杨铁军. 产业专利分析报告（第 21 册）：LED 照明 [M]. 北京：知识产权出版社，2014.

[33] 李琴，王云. 市场调研实务 [M]. 北京：中国水利水电出版社，2011.

[34] 柯晓鹏，林炮勤. IP 之道 [M]. 北京：企业管理出版社，2017.

[35] 赵国栋. 创新主导第四代研发管理 [J]. 信息系统工程，2006（09）：62-63.

[36] 杨秋文. 大疆无人机国际营销案例研究 [D]. 南宁：广西大学，2019.

[37] 李慧. "互联网 +" 背景下企业营销创新策略研究 [D]. 北京：北京邮电大学，2018.